Anne Marquardt

Der Film als Instrument der Formationserziehung im Dritten Reich

Der schulische Mediengebrauch
der Nationalsozialisten
untersucht an Filmen Leni Riefenstahls

Diplomica Verlag GmbH

Marquardt, Anne: Der Film als Instrument der Formationserziehung im Dritten Reich: Der schulische Mediengebrauch der Nationalsozialisten untersucht an Filmen Leni Riefenstahls. Hamburg, Diplomica Verlag GmbH 2013

Buch-ISBN: 978-3-8428-8346-8
PDF-eBook-ISBN: 978-3-8428-3346-3
Druck/Herstellung: Diplomica® Verlag GmbH, Hamburg, 2013

Bibliografische Information der Deutschen Nationalbibliothek:
Die Deutsche Nationalbibliothek verzeichnet diese Publikation in der Deutschen Nationalbibliografie; detaillierte bibliografische Daten sind im Internet über http://dnb.d-nb.de abrufbar.

© Diplomica Verlag GmbH
Hermannstal 119k, 22119 Hamburg
http://www.diplomica-verlag.de, Hamburg 2013
Printed in Germany

Vorwort

Den ersten Zugang zum Thema *Film im Nationalsozialismus* erhielt ich bereits in meiner eigenen Schulzeit, während der ich im Rahmen einer Prüfungsersatzleistung eine schriftliche Arbeit über das Leben der Regisseurin, Schauspielerin und Tänzerin Leni Riefenstahl anfertigte. Unter dem Arbeitstitel *Leni Riefenstahl – Geniale Regisseurin oder unbelehrbare Propagandistin* beschäftigte ich mich intensiv mit ihrer Person und den heute immer noch ungeklärten Kontroversen, die ihr Wirken begleiteten.

Die hier vorliegende Studie hat mir nun die Möglichkeit gegeben, mein Interesse an dieser Thematik mit Fragen der Didaktik zu verknüpfen. In Seminaren und Vorlesungen des Masterstudienganges wie z. B. *Bilder als Quellen der Erziehungsgeschichte* von Herrn Dr. Link oder *Wege zum Abitur im 19. und 20. Jahrhundert* von Herrn Prof. Dr. Tosch konnte ich dahingehend erste Anregungen erhalten. Aus diesem Grunde beschloss ich, meine Untersuchung in der historischen Bildungsforschung anzufertigen und den für mich spannenden Einsatz von Lehrerbegleitheften zu Filmen Leni Riefenstahls vor dem Hintergrund der damaligen Formationserziehung näher zu beleuchten.

Ich möchte mich an dieser Stelle für die Anregungen, Unterstützungen sowie kritischen Begutachtungen aller Art und in allen Phasen der Untersuchung vor allem bei Herrn Dr. Jörg Link und Herrn Prof. Dr. Frank Tosch bedanken. Mein Dank gilt weiterhin meiner Familie sowie meinen Freunden, die mich während der gesamten Arbeitszeit unterstützt und motiviert haben.

Kurzfassung

Die vorliegende Studie geht der Frage nach, inwieweit die hier ausgewählten Lehrerbegleithefte zu Werken Leni Riefenstahls *Wolkenstürmer und Tag der Freiheit!- Unsere Wehrmacht!* sowie *Olympia* der didaktischen Reihe *Staatspolitische Filme* die Formationserziehung der Nationalsozialisten, umgesetzt durch den unterrichtlichen Filmeinsatz, unterstützen.

Es ließ sich im Rahmen dieser Untersuchung herausfinden, dass dies zumindest zum Teil erfolgreich umgesetzt werden konnte, da ein Großteil der Elemente der Formationserziehung in den beiden Heften vorgefunden wurde. Die Tatsache, dass die verschiedenen Kriterien dort in unterschiedlicher Weise und Häufigkeit angesprochen werden, belegt, dass die Begleithefte im Zusammenhang mit den entsprechenden Filmen im Unterricht im Sinne der nationalsozialistischen Formationserziehung wirken konnten.

Abstract

The study at hand considers the question to what extent the selected Teacher's Guides to works of Leni Riefenstahl (*Wolkenstürmer und Tag der Freiheit!-Unsere Wehrmacht!* and *Olympia*) published in the educational series *Staatspolitische Filme* support the National Socialist concept of "Formationserziehung" through the use of film in teaching.

Findings within the framework of this study showed that to some extent this was the point since a majority of elements connected to "Formationserziehung" have been found in both Teacher's Guides. The fact that both books employ the different criteria in various ways and frequency proves that in combination with the corresponding films both Teacher's Guides were able to support the National Socialist "Formationserziehung" in teaching.

Inhaltsverzeichnis

1 Einleitung

Audiovisuelle Medien, insbesondere der Film, werden häufig im Unterricht verwendet. In der Regel erfolgt dieser Einsatz zur Einführung oder fachlichen Vertiefung einer Thematik, oft ist es aber auch einfach nur ein Mittel, um z. B. Vertretungsunterricht oder ausstehende Stunden vor den nächsten Ferien füllen zu können. Aus meiner eigenen bisherigen Erfahrung als Lehrerin weiß ich, dass zumindest Letzteres die am weitesten verbreitete Sichtweise von Schülerinnen und Schülern zum Stellenwert von Filmen im Unterricht darstellt.

Dieser Sachverhalt ist bedauerlich, da Filme, richtig eingesetzt, sich vermutlich durchaus positiv auf das Lerngeschehen und somit die Leistungen der Schüler auswirken können. Doch was heißt es, Filme richtig im Unterricht einzusetzen? Ist man sich als Lehrer der Wirkung von Filmen immer gänzlich bewusst? Diese Frage lässt sich mit Sicherheit nur schwer beantworten, bot jedoch auch einen ersten Ausgangspunkt für die Spezifizierung der Themenstellung dieser Untersuchung.

Der Film im Nationalsozialismus ist ein weitreichendes Thema, das verschiedene Ansätze für wissenschaftliche Studien bietet. Es existieren Werke zum Unterrichtsfilm im Nationalsozialismus, zum Spielfilm im Nationalsozialismus, sowie zu den staatlichen Einrichtungen (*Reichstelle für den Unterrichtsfilm*; *Reichspropandaleitung der NSDAP / Amtsleitung Film*), die zur damaligen Zeit Unterrichts- und Spielfilme produziert haben und auf die in den nachfolgenden Kapiteln der Arbeit noch näher eingegangen wird.

Grundlage für die hier vorliegende Untersuchung stellt ein Material dar, welches bisher noch nicht analysiert wurde. Die Lehrerbegleitheft-Reihe *Staatspolitische Filme* (1936-1941) bietet die Möglichkeit, didaktische Konzepte zu den im Nationalsozialismus produzierten Filmen zu untersuchen. Dazu werden zunächst Begrifflichkeiten und Zusammenhänge zur Erziehung sowie zum Film im nationalsozialistischen Staat vorgestellt. Dies dient der Schaffung eines Kontextes für den Untersuchungsgegenstand. Der Unterricht sowie die Formationserziehung unter der Herrschaft Hitlers nehmen hierbei einen besonderen Stellenwert ein, da deren nähere Erläuterung für die Beantwortung der Forschungsfrage essenziell ist. Darüber hinaus gilt es, auf den Unterrichtsfilm allgemein, die bereits erwähnten Einrichtungen für die Produktion der nationalsozialistischen Filme sowie auf Leni Riefenstahl als Regisseurin vertiefend einzugehen.

Im Anschluss werden dann die Hefte, die Begleitmaterialien zu Werken von Leni Riefenstahl darstellen (Heft 4, 1937 & Heft 8/9, 1938) auf selbst zusammengestellte Elemente, welche die Formationserziehung zusammenfassen, hin untersucht, um die Forschungsfrage zu beantworten, ob und inwieweit die vorliegenden Materialien die nationalsozialistische Formationserziehung beim Einsatz von Filmen im schulischen Kontext unterstützen.

Die Ergebnisse dieser Studie sollen einen Einblick in den schulischen Mediengebrauch der Nationalsozialisten zu Propagandazwecken geben. Sie sind als Versuch zu verstehen, eine mögliche Form der Umsetzung der Formationserziehung in der Schule aufzuzeigen.

2 Bildungshistorischer Kontext

2.1 Erziehung und Schule im nationalsozialistischen Staat

„Hitler über Erziehungsziele:»Meine Pädagogik ist hart. Das Schwache muss weg gehämmert werden. In meinen Ordensburgen wird eine Jugend heranwachsen, vor der sich die Welt erschrecken wird[…].«" (Gutjahr, 2007, S. 370).

In diesem Zitat, welches aus dem Jahre 1941 stammt und der Programmschrift „Mein Kampf" entnommen wurde, beschreibt Adolf Hitler, welche Ziele er sich für die Erziehung unter seiner Diktatur vorstellt. Die Bildung des Einzelnen, also die individuelle Förderung von Persönlichkeiten, wird hierbei gänzlich außer Acht gelassen. Noch zu Zeiten der Weimarer Republik enthielt das Parteiprogramm der Nationalsozialisten folgendes: „…»jedem fähigen und fleißigen Deutschen das Erreichen höherer Bildung und damit das Einrücken in führende Stellungen zu ermöglichen«, »Ausbau unseres gesamten Volksbildungswesens«, »Anpassung der Lehrpläne an die Erfordernisse des praktischen Lebens…«" (Keim, 1997, S. 9) sowie weitere Unterpunkte, die alle das Ziel verfolgten, jedem Bürger die gleichen Chancen auf Bildung zu gewährleisten. Nach der Machtergreifung und der Verdrängung anderer Parteien wurde es abgelöst und durch oben erwähnte, radikalere Maßnahmen und Vorstellungen ersetzt. Hitler verdeutlichte zudem, welchen Bildungszielen er einen höheren Stellenwert einräumte, indem er festlegte, dass die Aufrechterhaltung der Gesundheit vor der charakterlichen Schulung der Einzelpersonen einzuordnen sei. Erst an dritter Stelle stand die wissenschaftliche Bildung (vgl. ebd., S. 16).

Was auf dieser Basis folgte, war ein Parteiprogramm, welches geprägt war von Rassedenken und Forderung nach Rasseerhaltung, dem Aufbau des Staates und seiner Einrichtungen im Sinne der absoluten Untertänigkeit dem Führer Adolf Hitler gegenüber (Hitlerjugend, SA, SS etc.) sowie dem ständigen Anspruch des deutschen Volkes an der Verteidigung und dem Ausbau des Staatsgebietes (vgl. ebd., S. 15). Alle diese Punkte stellten eine Grundlage für die Erstellung und Rechtfertigung nationalsozialistischer Erziehungsgrundsätze dar, „angefangen bei der – zur ersten Aufgabe des Staates bestimmten - »Erhaltung, Pflege und Entwicklung der besten rassischen Elemente« sowie deren Züchtung zu wertvollen Gliedern »für eine spätere Weitervermehrung«, über die Neubewertung des Verhältnisses von geistiger, körperlicher und charakterlicher Erziehung bis hin zu den bereits in »Mein Kampf« fixierten Grundsätzen für Sport und Geschichtsunterricht sowie der Orientierung am Heer als der »höchsten Schule vaterländischer Erziehung«" (ebd., S. 15f.).

Aus dieser Zusammenfassung der Erziehungsgrundsätze geht bereits die Bedeutung des Geschichts- sowie Sportunterrichts hervor, welche auch in den folgenden Kapiteln dieses Buches eine Rolle spielen wird. Die als Analysematerial dienenden Lehrerbegleithefte zu Riefenstahl-Filmen sind zwar nicht eindeutig für den Geschichts- oder Sportunterricht ausgewiesen, jedoch sollte aufgrund der speziellen Bedeutung, welche die Nationalsozialisten diesen Unterrichtsfächern beimaßen, z. T. ein besonderes Augenmerk auf sie gerichtet werden.

Genauso ist in dieser Untersuchung auf Basis der Forschungsfrage der Bezug zur Formationserziehung der Nationalsozialisten zu ziehen. Da dieser im weiteren Verlauf der Studie ein eigenes Unterkapitel zukommt, sei an dieser Stelle nur kurz erwähnt, dass es ein zentrales Anliegen der Nationalsozialisten war, neben der bereits erwähnten charakterlichen Schulung für eine absolute Gefolgschaft der Heranwachsenden gegenüber dem Reich auch nach- und außerschulisch in Parteiorganisationen zu sorgen, wie z. B. der Hitler-Jugend (HJ) oder dem Bund Deutscher Mädel (BDM) (vgl. ebd., S. 17f.).

Alles in allem nimmt die Gewalt im Erziehungsprogramm der Nationalsozialisten einen sehr großen Stellenwert ein. Platner (1988) schreibt dazu, dass „Gewalt […] als zentrale menschliche Lebensäußerung, ja als Sinn des Lebens schlechthin dargestellt" (S. 19) wird. Diese Aussage bestätigt den Anspruch Hitlers, dass Bildung im wissenschaftlichen Sinne an letzter Stelle stehen sollte bzw. zu vernachlässigen sei. Es geht ihm einzig und allein um die Vorbereitung auf den bevorstehenden Krieg.

> „Damit wird das Individuum zum »Volksgenossen« - als Bestandteil einer anonymen Masse. Erziehung heißt in diesem Sinne nicht Entfaltung der Persönlichkeit, sondern geistige und seelische Verengung [….] Durch absolute Außensteuerung wird der Mensch der primitivsten Gewaltideologie verfügbar gemacht. Die völlige Selbstaufgabe, die vor allem von der Jugend verlangt wurde, ist bei Hitler Bestandteil eines Menschenbilds, das eindeutig sadomasochistische Züge trägt: »Eine gewalttätige, herrische, unerschrockene, grausame Jugend will ich. […] Schmerzen muss sie ertragen. Es darf nichts Schwaches und Zärtliches an ihr sein.«" (ebd., S. 21)

Lehrbücher sowie Lied- und Gedichttexte, die zur Zeit der nationalsozialistischen Herrschaft verfasst wurden, hatten die Aufgabe, dieses Denken zu verbreiten. Gewalt, Grausamkeit und Tod sollten für die Heranwachsenden zu etwas Alltäglichem werden. Sie sollten es nach und nach als Mittel für die Durchsetzung der nationalsozialistischen Lebensweise verstehen und dementsprechend zu gebrauchen lernen. Die Schule nahm in diesem Zusammenhang die wichtige Funktion der vermittelnden Instanz ein und sorgte so für die Umsetzung nationalsozialistischer Zukunftsvorstellungen (vgl. ebd., S. 21f.).

Der Schriftsteller Heinrich Böll, der zur Zeit der Nationalsozialistischen Diktatur selbst zur Schule ging, brachte später die eben beschriebenen Erziehungsgrundsätze auf den Punkt, indem er sagte: „Wir lernen nicht fürs Leben in der Schule, sondern für den Tod" (ebd., S. 25).

2.1.1 Lehrer und Unterricht unter der Diktatur Hitlers

„Nanu, Studienrat, dunklen Anzug an. Trauerfall?

Keineswegs, keineswegs. Feier gehabt. Jungens gehen an die Front. Kleine Rede gehalten. [….] Ergreifende Feier. Ganz ergreifend. Jungens haben gesungen: Gott, der Eisen wachsen ließ. Augen leuchteten. Ergreifend. Ganz ergreifend.

Mein Gott, Studienrat, hören Sie auf. Das ist ja gräßlich [sic].

Der Studienrat starrte die anderen entsetzt an. Er hatte beim Erzählen lauter kleine Kreuze auf das Papier gemacht." (Wolfgang Borchert, in: ebd., S. 18)

Dieses Zitat vom Schriftsteller Wolfgang Borchert bietet einen Einstieg in die Thematik Lehrer und Unterricht unter der Diktatur Hitlers. Es handelt sich hierbei um ein Zitat aus den *Lesebuchgeschichten* (1949) Borcherts, welches Platner (1988) aufgegriffen hat. Es zeigt eine von mehreren Möglichkeiten auf, wie Lehrer im Nationalsozialismus eingestellt waren. In diesem Falle hat der Lehrer eine zentrale Aufgabe, nämlich die Vermittlung der Grundsätze „Entwicklung und Stärkung des »Wehrwillens«, »zu töten wie zu sterben bereit sein«" (ebd., S. 18).

Diese Ansicht über die Rolle eines Lehrers im Nationalsozialismus deckt sich nicht mit dem Bild, dass mit dem Lehrerberuf im eigentlichen Sinne assoziiert werden sollte, nämlich die uneingeschränkte Vermittlung von Wissen sämtlicher Fachrichtungen sowie die bedingungslose Förderung aller Schülerinnen und Schüler. Unter der Herrschaft Hitlers war es eher der Fall, dass der Lehrer nur einen Teil davon ausüben und diesen auch nur unter der Beachtung strenger Auflagen der nationalsozialistischen Führung umsetzen durfte. Scholz (1989) hat dazu Folgendes geschrieben: „[D]er Unterrichtsbeamte selber hatte vor lauter Anpassungsbereitschaft seine Identität verloren, leergebrannt in Pflichterfüllung. Dennoch wollte er, mußte [sic] er weiter seines Amtes walten" (S. 2). Selbstverständlich ist auch zur heutigen Zeit der Lehrer an Vorschriften, Vorgaben der Bildungspolitik und Lehrpläne gebunden, jedoch war dies, vor allem in den späteren Jahren der nationalsozialistischen Herrschaft, z. B. als ab 1937 die Lehrpläne an die Ideologie angepasst wurden, mit zunehmender Intensität der Fall. Darüber hinaus gilt die hier getroffene Aussage auch in Hinblick auf die Einschränkungen jüdischer Lehrer sowie z. B. auch das Verbot jüdische Schüler zu unterrichten.

Der Lehrer wurde zum „Mitproduzenten von Ideologie" (ebd., S. 2). Jedenfalls war das die Absicht der Staatsspitze. In den meisten Fällen war dies wohl auch der Fall. Scholz (1989) deutet jedoch an, dass es auch Lehrer gab, die sich dem zu widersetzen versuchten bzw. Forderungen, die ihnen widerstrebten, absichtlich nur in einem Mindestmaß erfüllten, denn „[o]ffensichtlich war sich die Führungsspitze keineswegs so sicher, daß [sic] die Lehrer als Agenten eines Unterdrückungsapparates funktionierten" (S. 7). Folglich musste es, wenn auch aufgrund der Überwachung durch den Staat eher selten, Lehrer gegeben haben, die nicht vollkommen mit der Umfunktionierung ihres Berufes einverstanden waren. In einem so totalitären Staat wie dem Dritten Reich ist es jedoch aus heutiger Sicht schwer vorstellbar, dass Lehrer den Mut aufbrachten, dies auch durchzuführen. So schreibt Flessau (1987) dazu Folgendes: „»So etwas wie Opposition oder gar Widerstand gegen das Regime war unter den Lehrern nicht festzustellen, nicht einmal Formen einer echten Diskussion gab es«" (S. 68).

Der Unterricht unter der Diktatur Hitlers diente im Allgemeinen der Verbreitung und Umsetzung der nationalsozialistischen Ideologie und sollte zur „Formung des nationalsozialistischen Menschen durch Typenprägung und Typenzucht" (Gies, 1992, S. 8) dienen. Gemeint war eine Formung des Menschen im Sinne eines treuen Anhängers, gleichzeitig aber auch eines pflichtbewussten Soldaten, der jederzeit in einem

Kampf sein Leben für den Staat und dessen Prinzipien einsetzen würde. Grundlage dafür war die „Weckung von Rassenstolz und Rassenbewusstsein" (ebd., S. 8). Hitler wollte, dass die Bevölkerung lernt, die eigene Rasse als die einzig Wahre anzusehen und deshalb andere Rassen auch ausschließlich als fremd und somit feindlich zu behandeln. Der Schulunterricht sollte dies vermitteln mit der zielführenden Absicht die „»rassische Urteilskraft«" (ebd., S. 8) zu schärfen.

Sofort mit der Machtübernahme im Jahr 1933 konnten die Nazis jedoch nicht alle vorher bestehenden Reformen und Systeme in ihrem Sinne umformen. Aus diesem Grund konnte Hitler für seinen Staat vor allem zu Beginn seiner Herrschaft nur immer wieder kurzfristige politische Ziele setzen (vgl. ebd., S. 8f.). Ausnahmen stellten die sogenannten „Adolf-Hitler-Schulen" (ebd., S. 9) sowie die „[n]ational-politischen Erziehungsanstalten" (ebd., S. 9) dar, in deren Schul- und Unterrichts-konzepten Planungen für das ewige Bestehen des Dritten Reiches vorlagen (vgl. ebd., S. 8f.).

Auch aus diesem Grunde lagen zu Beginn der nationalsozialistischen Herrschaft keine konkret formulierten Lehrpläne für den Schulunterricht vor. Dithmar (1989) gibt an, dass es den Nationalsozialisten vor allem darum ging, „die „machthungri-ge[...] und menschenverachtende[...] »Mentalität« durch verschiedenste Lehrinhalte zu füllen" (S. VIII), was wiederum eine „in sich konsistente Didaktik" (ebd., S. VIII) ausschloss. In diesem Zusammenhang muss außerdem erwähnt werden, dass die Verbreitung aller ideologischen Konzepte als Lernprozess verstanden wurde, der die theoretische Schulung in den Mittelpunkt stellte und dem sich nicht nur Jugendliche, sondern auch Erwachsene unterziehen sollten (vgl. Scholz, 1989, S. 8).

Neuerungen im Schulunterricht gingen mit Beginn des Zweiten Weltkrieges ganz automatisch einher. „Die Gesellschaft war mobil geworden; Veränderungen im Innern konnten nicht mehr viel Aufmerksamkeit beanspruchen gegenüber der Lage an den Fronten. Der Krieg wurde mit Recht zur eigentlichen erzieherischen Macht erklärt. Radikale Maßnahmen ließen sich jetzt besser durchsetzen" (ebd., S. 9). Dies machte sich auch im Unterricht bemerkbar. Die Unterrichtszeit wurde verkürzt, um eine ganzheitlich aktive Beteiligung an der Front gewährleisten zu können. Im Ge-genzug wurde jedoch die Schulung speziell für den Kampf an der Front weiter aus-gebaut (vgl. ebd., S. 8 ff.).

Die Staatsspitze sorgte sich bei all diesen Kriegseinsätzen sowie umfangreichen -vorbereitungen jedoch in den letzten Kriegsjahren, um eine adäquate Nachfolge kompetenter Fachkräfte in »Führungsaufgaben auf allen geistigen Gebieten ([…] Technik, Verwaltung, Justiz und ärztliche Versorgung)«" (ebd., S. 11), welche nach einem für die Nationalsozialisten erfolgreichen Kriegsende eine genauso wichtige Funktion für sie gehabt hätten, wie die Soldaten im Krieg. Es wurde deshalb beschlossen, „daß [sic] der Unterricht auch in den Gefechtsstellungen fortzuführen sei, freilich auf 18 Wochenstunden reduziert" (ebd., S. 11).

Bezüglich der Unterrichtsinhalte ist es nicht schwer vorstellbar, dass diese einer strengen Kontrolle durch den Staatsapparat unterlagen, nachdem sie ab 1937 für die nationalsozialistischen Leitsätze und deren Verbreitung umgestaltet wurden. Dementsprechend einseitig waren dann auch die Ansichten, die die Schüler vermittelt bekamen. Lehrbücher und sonstige Unterrichtsmedien wie Bilder, Filme, etc. unterlagen strengsten Kontrollen. Eine eigene Meinung zu bestimmten Sachverhalten zu entwickeln, war bei solch einer vorbestimmten und vorgegebenen Sach- und Materiallage kaum möglich. Nach Flessau (1987) sahen viele Schüler dies folgendermaßen:

> „»Wir waren als Schüler ja nicht in der Lage, mit kritischen Fragen aufzutreten[…] Wir haben doch keine alternative Literatur gehabt zu der offiziell zugelassenen, dazu kam das einseitige Informieren durch die Presse, die ja völlig gleichgeschaltet war, und den Rundfunk. Man hörte und sah immer nur dasselbe und musste dann schließlich auch einfach alles glauben.«" (ebd., S. 68)

Hitler hatte sich genau das zum Ziel gesetzt, nämlich die Manipulation des Volkes und seiner kommenden Generationen von Kindheit an, eine durch die Institution Schule und dessen Unterricht Formung der Gedanken jedes Einzelnen:

> „Die Parteilehren wirkten auf viele junge Menschen so überzeugend, daß [sic] ihnen an diesem System nichts verdächtig oder rätselhaft vorkam" (ebd., S. 68).

Eine logische Folge waren die Prüfungsschwerpunkte, welche natürlich aus diesen Leitsätzen und einem entsprechend gestalteten Lehrplan resultierten. „[D]ie Aufsatz- und Abiturthemen spiegeln nationalsozialistisches Denken und Wollen sowie den Personenkult um den »Führer« wieder" (ebd., S. 69). So war es selbstverständlich, dass Reden von Adolf Hitler „über Rundfunk in die Aula übertragen [und] Propagandafilme allmonatlich vorgeführt wurden" (ebd., S. 69). Vor allem Letzteres spielt für dieses vorliegende Buch eine wichtige Rolle. Flessau (1987) bestätigt die Bedeutung, die vor allem Propagandafilme für die Schule und den Unterricht hatten. Darauf wird auch in den nachfolgenden Teilen dieser Untersuchung näher eingegangen.

Natürlich gab es auch Schülerinnen und Schüler, die sich nicht ohne weiteres in das System, welches in der Schule propagiert wurde, einfügen wollten. Diese galten in den Augen der Nationalsozialisten als „ideologisch unangepaßte [sic] Schüler" (ebd., S. 69). Der Ansicht der Staatsspitze nach, lag die Schuld an diesem Schülerverhalten nicht am Unterricht oder den Lehrmitteln, „es lag vielmehr an jenen Faktoren, über die Staat und Schulverwaltung [...] nicht nach Belieben verfügen konnten: an den Eltern" (ebd., S. 70). Genauso verhält es sich bei den Lehrern, die sich nicht dem neuen und an nationalsozialistische Grundsätze angepassten Lehrplan unterordnen wollten, weil sie, wie im Teilabschnitt *Lehrer unter der Diktatur Hitlers* bereits erwähnt, ihren Beruf ohne Einschränkungen und Zwänge ausüben wollten, was wiederum die Nationalsozialisten dazu veranlasste „durch einschneidende Veränderungen in Schulorganisationen und Lehrerbildung das Schulwesen auf ihren Kurs festzulegen" (ebd., S. 71).

Und nicht nur die Umgestaltung der Lehrerausbildung, sondern auch die Gründung neuer Schultypen wie „die acht Sekundarschulklassen umfassende Nationalpolitische Erziehungsanstalt (NPEA)" (ebd., S. 71) veränderten das Schulsystem und somit den Unterricht entscheidend. Diese sowie die ab 1937 aufkommenden sogenannten „Adolf-Hitler-Schulen" (ebd., S. 72) wiesen durch ihre starke Bindung an den Staat, später die Partei und den Führer Adolf Hitler, einen ganz eigenen Unterrichtsstil auf. Hier musste die Schule nicht umgestaltet werden, sondern es konnte von Anfang an im Sinne des neuen Machtapparates gelehrt werden (vgl. ebd., S.72). Was der Schüler vorfand war eine „technische, wehrkundliche, sportliche, charakterliche, musische und intellektuelle Ausbildung" (ebd., S. 72). Geschaffen werden sollte dadurch ein „Führernachwuchs [...] für alle Bereiche von Partei, Staat und Wirtschaft" (ebd., S. 71). Diese Art der Ausbildung bestätigt die bereits zu Beginn der Arbeit angesprochenen Ziele, die Hitler für die Erziehung festlegte, wie sie von Flessau et al. zusammengefasst werden: „Angestrebt werden weniger intellektuelle Leistungsfähigkeit als vielmehr Körperertüchtigung, Charakterbildung und politische Zuverlässigkeit" (ebd., S. 73). Was Hitler nicht wollte, war, dass „»das jugendliche Gehirn im allgemeinen nicht mit Dingen belastet [wird], die es zu fünfundneunzig Prozent nicht braucht und daher auch wieder vergißt [sic]«" (ebd., S. 80).

Grundlage für eine solche Formung der Jugendlichen waren natürlich Lehrmittel, die das nationalsozialistische Gedankengut in jedem Unterrichtsfach verbreiten konnten. Bilder, Filme, Texte und sämtliche Schulbücher vermittelten auf unterschiedliche Art und Weise die politischen Zielstellungen der Partei. Von Jahr zu Jahr enthielten sie immer mehr „antisemitische Texte und Rechenaufgaben. [...] Dem Einfluss solcher Aufgaben und Texte konnten sich Schüler nur vereinzelt und nur dort entziehen, wo sich Lehrer- und Elternschaft, wenn auch nicht geschlossen, den Absichten von Staat und Partei widersetzten" (ebd., S. 79). Auch hier wird die Elternschaft als letzte Instanz angesprochen, die das Unterrichtsmaterial und dessen didaktische Absichten in Frage stellen konnte, immerhin „[trugen gegen] Ende des Tausendjährigen Reichs annähernd 75 % der Lehrer das Parteiabzeichen" (ebd., S. 79) und waren somit als Störfaktor bei der Vermittlung des nationalsozialistischen Gedankenguts weitestgehend ausgeschaltet (vgl. ebd., S. 79f.).

Nach dieser allgemeinen Betrachtung der Rolle des Lehrers sowie des Unterrichts im Dritten Reich, folgt nun ein kurzer Abschnitt über die Unterrichtsfächer Geschichte und Sport, um eine Grundlage für die spätere Betrachtung und didaktische Analyse der ausgewählten Lehrerbegleithefte zu schaffen.

Der Geschichtsunterricht im Dritten Reich hatte nach und nach eine besondere Stellung in der Verbreitung der nationalsozialistischen Propaganda eingenommen. Geschichtliche Daten und Fakten sollten dem Schüler nicht im Detail näher gebracht werden. Der Unterricht sollte regelrecht umfunktioniert werden, um „als Waffe im Kampf gegen politische Feinde nützlich [zu sein]" (Gies, 1989, S. 43). Adolf Hitler, der aus seiner Schulzeit keine positive Assoziationen zog (vgl. Gies, 1992, S. 17), machte diesbezüglich vor allem beim Geschichtsunterricht eine Ausnahme. In »Mein Kampf« schrieb er zur Bedeutung des Geschichtsunterrichts:

> „»Noch heute erinnere ich mich mit leiser Rührung an den grauen Mann, der uns im Feuer seiner Darstellung manchmal die Gegenwart vergessen ließ, uns

zurückzauberte in vergangene Zeiten und aus dem Nebelschleier der Jahrtausende die trockene geschichtliche Erinnerung zur lebendigen Wirklichkeit formte [....] Unser kleiner nationaler Fanatismus ward ihm ein Mittel zu unserer Erziehung, indem er öfters als einmal an das nationale Ehrgefühl appellierend, dadurch allein uns Rangen schneller in Ordnung brachte, als dies durch andere Mittel je möglich gewesen wäre. Mir hat dieser Lehrer Geschichte zum Lieblingsfach gemacht.«" (zit. nach Gies, 1989, S. 39)

Die Geschichtslehrer, die unter der Herrschaft Hitlers unterrichteten, waren dementsprechend ein „mitreißender Erzähler[, der] nicht Wissen, sondern Erlebnisse zu vermitteln hatte" (vgl. ebd., S. 43).

Auch die inhaltliche Gestaltung hat mit Geschichtsunterricht aus heutiger Sicht eher wenig zu tun. Zum Beispiel lebte eine Stunde von Berichten oder Direktübertragungen aktueller Ereignisse, Veranstaltungen oder politische Reden. „Von solchen schulischen und besonders außerschulischen Veranstaltungen versprachen sich die Nationalsozialisten eine viel größere Wirkung auf das Geschichtsbewußtsein [sic] als vom herkömmlichen Unterricht" (ebd., S. 42). Darüber hinaus wurden Gedenkfeiern abgehalten sowie Filmvorführungen veranstaltet. Es handelte sich hierbei u. a. um die Filme, welche in der hier vorgestellten Lehrerbegleitheft-Reihe *Staatspolitische Filme* thematisiert werden sowie auch andere Spiel- und Dokumentarfilme, die unter der nationalsozialistischen Führung produziert wurden. Als Beispiele zu nennen sind die beiden Filme über die Reichsparteitage in Nürnberg »Sieg des Glaubens« und »Triumph des Willens«, deren Produktion ebenfalls Leni Riefenstahl innehatte.

Diese Art des Geschichtsunterrichts, also ein Unterricht, in dem Rituale und aktuelle Geschehnisse mehr Raum einnahmen als die eigentliche Lehre der Geschichte, „hatte zwei Konsequenzen: die »Kürzung des Stoffes« auf die »großen Entwicklungslinien« im Hinblick auf den »Fortbestand des eigenen Volkstums« und die Aufwertung der Bedeutung des Geschichtslehrers, weil er als Gesinnungsführer besonders gut zur Instrumentalisierung der Lerninhalte und zur Emotionalisierung der Vermittlungsprozesse beitragen konnte" (ebd., S. 44). Der Geschichtslehrer hatte also die Möglichkeit, sich durch die Maßnahmen des Staates zur Veränderung des Geschichtsunterrichts etablieren zu können, indem er sich als Vermittler der nationalsozialistischen Ideologie auf die von Hitler verordnete Art und Weise unabdingbar gemacht hatte. Im Jahre 1933 empfahlen die Landesschulbehörden sogar, im Geschichtsunterricht auf die Nutzung des Lehrbuches zu verzichten und „ausschließlich historische Romane […] als Textgrundlage" (ebd., S. 44) zu verwenden. Somit wäre dem Lehrer ein noch größerer Stellenwert beizumessen.

Ein weiteres Merkmal nationalsozialistischen Geschichtsunterrichts war die immer intensivere Vorbereitung auf den Zweiten Weltkrieg, z. B. in „zahlreiche[n] Oberstufen- und Abituraufsätze[n]" (ebd., S. 44). Folgende Themen wurden in diesem Zusammenhang z. B. behandelt: „»Inwiefern trägt der Krieg zur Charaktererziehung bei?« (1939); »Welchen Umschwung brachte der Nationalsozialismus für die Bewertung des Krieges, nachzuweisen an der modernen Kriegsliteratur« (1938)" (ebd., S. 44).

Neben den bisher erwähnten Schwerpunkten lässt sich zum Inhalt des Geschichtsunterrichts im Allgemeinen folgendes sagen:

> „Das nationalsozialistische Geschichtsbild war an den drei Grundkomponenten in Hitlers Weltbild orientiert: 1. dem Totalitarismus des »Führerprinzips« und der »Volksgemeinschaft«, 2. dem Chauvinismus der »Lebensraumerweiterung« und des Weltmachtstrebens, 3. dem Rassismus der »Aufnordung« und der Judenvernichtung." (ebd., S. 44)

Im Angesicht dieser Tatsache wird schnell klar, dass Hitler für den Geschichtsunterricht lediglich die Thematisierung der deutschen Geschichte vorgesehen hatte. „Die Geschichte anderer Staaten und Völker war nur dann interessant, wenn diese Einfluss auf die deutsche Geschichte hatten" (ebd., S. 45).

In Bezug auf die Bedeutung dieses Unterrichtsfaches ist aus heutiger Sicht ein Widerspruch vorzufinden. Die nationalsozialistische Staatsführung machte zwar immer wieder klar, dass ein Schüler nur durch dieses Fach die Tragweite der Weltbedeutung des deutschen Staates in der Vergangenheit sowie in der Zukunft begreifen könne, jedoch „wirkte sich das auf den Stundenanteil nur verhältnismäßig gering aus" (ebd., S. 46). Im Vergleich mit den Fächern Leibeserziehung und Deutschunterricht ist der Anteil des Geschichtsunterrichtes tatsächlich als gering einzustufen: Es gab in der „Volksschule vom 5. bis 8. Schuljahr: für Geschichte 10 Wochenstunden, 20 Wochenstunden Leibeserziehung und 27 Wochenstunden Deutschunterricht" (ebd., S. 46). Im Abitur hingegen vertrat die Geschichte des deutschen Staates einen sehr hohen Anteil: „Selbst bei der Wahl aus drei Möglichkeiten blieb für die Abiturienten meist kaum eine Ausweichmöglichkeit in unverfänglichere, Bildung und Denkfähigkeit nachweisende Aufgaben" (ebd., S. 49).

Gies (1992) zitiert Hitler, der mit diesen Worten die Bedeutung des Geschichtsunterrichts zusammenfasst und eindringlich verdeutlicht: „Geschichte ist um der »Nutzanwendung für die Gegenwart« willen interessant, man lernt Geschichte, um eine »bessere Erziehung zur Politik« zu erreichen" (S. 17).

Der Sportunterricht war aufgrund der körperlichen Schulung von einer ähnlich hohen Relevanz für die Nationalsozialisten. Nicht umsonst sprechen Heymen et al. (1989) von der „Erziehung zur Wehrhaftigkeit im Sportunterricht" (S. 163). Immer wieder ist die Rede von der Erziehung durch körperliche Ertüchtigung, je mehr desto besser. „[D]ie Leibeserziehung wurde zum wichtigsten Schulfach, der Turnlehrer zum Erzieher der Nation deklariert" (S. 163). Die Erziehung sollte nicht einfach nur einen wehrsportlichen Charakter haben, sie sollte eher „wehrsportlich unterbaut sein: straffe Kommandos, unbedingter Gehorsam, Pünktlichkeit, kurz, in soldatischem Geist, Sinn und Form muß sie erfolgen«" (ebd., S. 164).

Ebenso wichtig war eine Anpassung der Lehrerausbildung und -weiterbildung an die neuen Grundsätze des Sportunterrichtes. „[Es] wurden in Preußen zwischen 1935 und 1939 rd. 10.000 Turnlehrer in Schulungslagern »umerzogen«. [...] Charakterschulung und soldatische Tugenden – Voraussetzung für das Sportstudium war z. B. das SA-Sportabzeichen – standen im Vordergrund" (S. 175). Um dem Begriff *Wehrerziehung* gerecht zu werden, sollten die Schüler möglichst umfangreich auf den bevorstehenden Wehrdienst sowie den Krieg vorbereitet werden. So wundert es nicht, dass dies auch in aller Härte umgesetzt wurde: „Im Oktober 1933 wurde [...] vom Preußischen Kultusminister angeordnet, daß [sic] »zur Einführung einer einheitlichen Befehlssprache [...] bei den Schulen die Kommandos der SA anzuwenden sind«" (ebd., S. 166). Weiterhin gab es unter der Herrschaft der Nationalsozialisten eine ausdrückliche Erlaubnis oder Empfehlung für die Ausübung des Boxsports, aufgrund dessen hohen militärischen Wertes. Lehrer erhielten dafür eine zusätzliche Weiterbildung (vgl. ebd., S. 166).

Mit Fortschreiten der nationalsozialistischen Herrschaft gewann vor allem die Hitlerjugend immer mehr an Bedeutung und sorgte somit für einen Zuständigkeitskonflikt mit der Schule im Bereich der Wehrerziehung. Dabei sah die Schule sich jedoch nie im Nachteil: „Auch wenn der Wehrsport im engeren Sinn, z. B. Geländesport mit Exerzieren, Marschieren und Orientieren oder Kleinkaliberschießen, in das Ausbildungsprogramm der HJ und der SA gehörte, glaubte die Schule, durch die Vermittlung von spezifischen körperlichen Voraussetzungen und soldatischen Tugenden doch einen unverzichtbaren Beitrag zur Wehrtüchtigkeit des deutschen Volkes zu leisten" (ebd., S. 167). Auf diesen Konflikt zwischen Hitlerjugend und Schule wird jedoch im folgenden Unterkapitel näher eingegangen.

2.1.2 Formationserziehung

Alfred Baeumler, der ab 1933 die Professur für politische Pädagogik an der Humboldt-Universität innehatte und als überzeugter Nationalsozialist galt (vgl., Keim, 1995, S. 165), äußerte sich im Jahre 1942 zur Erziehung in der Formation folgendermaßen:

> „»Durch die Erziehung in der Formation werden Knaben und Mädchen in den Rhythmus der politischen Gemeinschaft eingefügt. Verbunden mit Gleichaltrigen, geführt von solchen, die noch ihrer Jugendwelt angehören, lernen sie in der Formation sich auch außerhalb des Elternhauses mit andern eins zu fühlen…Die Erziehung in der Formation ist unerläßlich [sic], um in der jugendlichen Seele den Feierklang der großen Gemeinschaft und den Stolz auf gemeinsame Leistungen zum Schwingen zu bringen.«" (Herrmann, 1993, S. 110)

In diesem Zitat werden bereits mehrere Merkmale der Formationserziehung deutlich, jedoch soll im Folgenden zum allgemeinen Verständnis zunächst der Unterschied zwischen schulischer und außerschulischer Formationserziehung deutlich gemacht werden.

Die schulische Formationserziehung fand unter dem Leitmotiv der „Reduktion der intellektuellen und wissenschaftlichen Bildung zugunsten der Willens- und Charaktererziehung sowie der körperlichen Ertüchtigung [und] völkisch-rassistische[r] Indoktrination" (Keim, 1995, S. 86) statt. Scholtz (1985) fasste es unter „Erzeugen von »Nationalstolz«, aus dem eine »verzichtfreudige Opferbereitschaft« resultieren sollte" (S. 129) zusammen.

Auch wenn die Anpassung der Lehrpläne an die ideologischen Zielsetzungen der Nationalsozialisten erst ab dem Jahre 1937 geschah, so wurde bereits kurz nach der Machtergreifung Hitlers 1933 damit begonnen, das Schulsystem zu formieren. Formationserziehung in den Schulen ging einher mit der „Verankerung von Symbolen (Hakenkreuz, Fahnen, Hitlerbilder), von Ritualen (Hitler-Gruß, Fahnenapelle), vor allem durch Integration von NS-Feiern und –Gedenkstunden in den Schulalltag" (Keim, 1995, S. 88). Wichtig dabei war die Routine, die sich vor allem durch die sich ständig wiederholenden Feiertage automatisch für die Schüler einstellte. Auf dieser Grundlage konnte die im nationalsozialistischen Geiste eingestellte Schule vor allem emotional viel bei den Jugendlichen ausrichten. Dies galt nicht nur für speziell nationalsozialistische Feiertage, sondern auch für Tage, die lange vor Hitlers Herrschaft mit „Traditionen unterschiedlichster Art und Herkunft" (ebd., S. 88) behaftet waren, wie z. B. der Volkstrauertag und der Reformationstag. Genauso wie bei der außerschulischen Formationserziehung spielt auch in der Schule die Prägung des Erlebens eine große Rolle bei der Beeinflussung des Bewusstseins. So „stand im Mittelpunkt der NS-Feiern und –Gedenkstunden das innere Erleben der NS-Ideologie als Mittel zur NS-Gesinnungsbildung. [....] Wichtig war […], daß [sic] »die große Form, das Besondere der Haltung, der Klang, das Wehen der Fahnen, der Aufmarsch, das gemeinsame Lied« in der Erinnerung haften blieben" (ebd., S. 89). Die Jugendlichen wurden somit entsprechend der nationalsozialistischen Ideologie geprägt und für den Staat als treu ergebene Diener und mutiger Kämpfer geformt. Ein wichtiges Hilfsmittel bei dieser Beeinflussung stellte vor allem der Einsatz von Rundfunkübertragungen sowie Filmen dar. In verschiedenen Aufzeichnungen über Schulchroniken werden „für das Jahr 1933 mehrfach gemeinsamer Rundfunkempfang bzw. Filmvorführungen für die gesamte Schule oder für einzelne Klassen festgehalten. Ähnlich wie Feier und Gedenkveranstaltungen waren auch sie auf das Gemeinschaftserlebnis hin angelegt" (ebd., S. 90). In der schulischen sowie in der nichtschulischen Formationserziehung ein nicht zu unterschätzender Faktor. Nicht vergessen werden sollte die „Indoktrination und »Umerziehung« der Lehrerschaft (ebd., S. 90), durch die die Formationserziehung in der Schule hauptsächlich möglich war. Im Unterricht behandelt wurden hauptsächlich Themen, die den Deutschen

Staat und seine Geschichte betreffen. Dabei wurde besonders deren Bedeutung für die Gegenwart und die Zukunft des Staatsgeschehens in den Mittelpunkt des Unterrichts gestellt. Es handelte sich dabei um Themen, die den Führer Adolf Hitler betrafen sowie die Niederlage im Ersten Weltkrieg usw.

Die außerschulische Formationserziehung wirkte hauptsächlich in „NS-Formationen und »-Diensten«" (Keim, 1997, S. 56). Dazu zählten das Deutsche Jungvolk (10 bis 14 Jahre), die Hitler-Jugend (14 bis 18 Jahre), der Jungmädelbund (10 bis 14 Jahre) der Bund Deutscher Mädel (14 bis 18 Jahre) sowie der Reichsarbeitsdienst, der eine verpflichtende Vorstufe zum Wehrdienst darstellte und die 8-monatige Landwehr, die einem militärischen Lager entsprach. Vor allem in der späteren Phase der NS-Herrschaft war eine Mitgliedschaft in diesen Diensten verpflichtend (vgl. ebd., S. 59).

„Zwischen herkömmlichen Erziehungseinrichtungen und NS-Formationen bzw. »-Diensten«" (ebd., S. 67) kam es immer wieder zu Spannungen und Konflikten, die sich vor allem zwischen der Schule und der Hitler-Jugend zeigten. Die Aktivitäten der HJ und die Zeit, die dafür in Anspruch genommen wurde, wirkte sich negativ auf die effektive Schulzeit aus. 1934 wurde ein sogenannter Staatsjugendtag eingeführt, nachdem Samstage für HJ-Mitglieder schulfrei sein sollten. Lehrer waren nicht einverstanden mit einer Kürzung des Unterrichtes und der damit einhergehenden Verlängerung des Vormittagsunterrichts, mit dem wiederum Konzentrationsprobleme bei den Schülern der unteren Klassen einhergingen. Die Folge war eine Streichung dieses Staatsjugendtages im Jahre 1936. Weitere konfliktauslösende Punkte waren HJ-Aktivitäten wie „Schulungslehrgänge und Geländesportkurse, Luftschutzübungen, Ausleseschulungen, Sportfeste, Ernteeinsätze, Sammlungen und ab 1939 auch kriegsbedingte Spezialeinsätze" (ebd., S. 68). Grundproblem waren die „Unvereinbarkeit von »formaler Bildung« und »Formationserziehung«" (ebd., S. 69).

Formationserziehung außerhalb der Schule hatte dementsprechend nichts mit Erziehung im eigentlichen Sinne zu tun. „Sie intendierte nicht Entwicklung und Förderung individueller Fähigkeiten und sozialer Kompetenz, sondern stattdessen Typenprägung und damit gerade Unterdrückung individueller Besonderheiten" (ebd., S. 56). Leistung wurde also nicht in intellektueller Form erbracht oder nachgewiesen, sondern u. a. an körperlicher Gesundheit bzw. Fähigkeiten sowie der Tatsache, inwieweit sich die Jugendlichen für das Reich einsetzen würden, gemessen. Dabei war das

Erleben von militärischen Einrichtungen sowie deren Abläufen von enormer Bedeutung (vgl. ebd., S. 56). Der Reichserziehungsminister Bernhard Rust sagte, dass man ein Nationalsozialist nur durch „Lager und Kolonne" (ebd., S. 56) werden könne. Dies bedeutete „die bedingungslose Unterordnung unter den Führerbefehl sowie [die] starre Einordnung in das Kollektiv. Im Gleichschritt konnten Gefühle [erlebt werden], die durch Massenaufmärsche, -kundgebungen und –feiern mit sakralen Elementen [...] verstärkt wurden" (ebd., S. 57). Die Lager nahmen die Jugendlichen durch z. B. eine einheitliche Uniformierung, die Wahl des Ortes in der freien Natur sowie gemeinschaftliches Singen für sich ein und machten individuelle Bestrebungen so gut wie unmöglich (vgl. ebd., S. 57). Natürlich sind auch hier Symbole, z. B. Symbole der Bewegung wie Hakenkreuzfahne oder Symbolwörter wie Boden und Reich sowie Rituale und die musische Formung durch z. B. Soldatenlieder von großer Bedeutung.

Abschließend werden an dieser Stelle Ziele und Methoden der Formationserziehung am Beispiel der HJ zusammengefasst und deutlich gemacht. „Das Erziehungsziel der HJ orientierte sich an der NS-Ideologie" (ebd., S. 60). Es ging dabei vor allem um den Ausbau körperlicher Kräfte sowie der Wehrerziehung im Allgemeinen. Dazu kam bei den Mädchen die Gesundheitserziehung. In jedem Falle spielte „die weltanschauliche Schulung eine zentrale Rolle" (ebd., S. 60). Auf Fahrten, sowie im Lager oder an Heimabenden wurde dementsprechend eine völkische Weltanschauung, mit dem Lebensweg des Führers, Hierarchie und Organisation der HJ und die Geschichte der NS-Bewegung im Mittelpunkt, gelehrt.

Wichtig dabei war das Erleben innerhalb einer Gruppe, also eine Mannschaftsschulung. Die Nationalsozialisten setzten dabei besonderen Wert auf die Gefühle, die sich bei solchen Massenerlebnissen einstellen: „Menschen zu formen und zu führen heißt, sie zu erregen und zu bewegen" (Herrmann, 1993, S. 111). „Die Masse wird lenkbar und formbar in der seelischen Erregtheit" (ebd., S. 112). Die Jugendlichen wurden somit in ihrem Erleben und dadurch auch in ihrem Bewusstsein geprägt. Sie waren dadurch in ihrem Geist offen für die nationalsozialistische Ideologie (vgl. ebd., S. 107f.). Herrmann nannte diese Methode „Gestaltung der Wahrnehmung der Wirklichkeit als Voraussetzung für moralische Bildung" (S. 101). Gemeint ist die sogenannte Willenserziehung, d. h., die Nationalsozialisten wollten, dass den Jugendlichen Gewohnheiten angeeignet werden, welche sie in ihrem späteren Leben unter

Garantie ein sittliches Verhalten sowie moralisches Urteilen im nationalsozialistischen Sinne an den Tag legen lassen (vgl. ebd., S. 107ff.).

Weitere Aktivitäten der HJ waren: „Sportwettkämpfe, kulturelle Betätigungen wie Chöre, Musikzüge und Spielscharen; Sammlungen, Ernte-, Sozial-, später Kriegseinsätze sowie Teilnahme an Kundgebungen, Feiern, Festen, Eltern- und Werbeabenden" (Keim, 1997, S. 60). Außerdem galt der Leitspruch „Jugend soll von Jugend geführt werden" (ebd., S. 63), was im Grunde jedem Jugendlichen die Voraussetzungen bot, „relativ leicht und rasch Führungspositionen [zu] erringen und dann selbst Befehle [zu] erteilen" (ebd., S. 63). Das gleiche galt für die sogenannten „HJ-Sondereinheiten wie Marine-HJ, Motor-HJ oder Fliegereinheiten" (ebd., S. 63). Dadurch wurde die NS-Formation für die Jugendlichen zunehmend attraktiver.

2.1.3 Zusammenfassung

In diesem Kapitel des vorliegenden Buches wurde eine Einführung in den Kontext der nationalsozialistischen Erziehung sowie den Film im Nationalsozialismus gegeben. Zusammenfassend dazu lässt sich sagen, dass die Erziehung im Dritten Reich vor allem auf Härte, Gewalt, Gehorsam und Disziplin beruhte. Verschiedene Reformen durch die Partei im Allgemeinen sowie durch einzelne für die Erziehung bedeutende Persönlichkeiten wie z. B. Bernhard Rust als Erziehungsminister haben ein völlig neues Erziehungssystem geschaffen, in dem die Kinder bzw. Jugendlichen neben dem ab 1937 ideologisch angepassten Unterricht auch in Diensten wie der Hitler-Jugend oder dem Bund deutscher Mädel u. a. im Sinne der nationalsozialistischen Lehren erzogen worden sind. Die Hitler-Jugend als größte und somit einflussreichste Organisation kann als „zentraler Ort der auf den Nationalsozialismus ausgerichteten Formung zukünftiger »Volksgenossen«" (Kollmeier, 2011, S. 59) bezeichnet werden. Von besonderer Wichtigkeit, auch für die spätere Untersuchung ist deren Leitsatz "»Prägung der *Form des Erlebens* und dadurch Prägung der *Form des Bewusstseins*« – das ist der systematische Kern nationalsozialistischer Formationserziehung" (ebd., S. 68 f.).

2.2 Der Film im nationalsozialistischen Staat

2.2.1 Begriffsklärung: Audiovisuelle Lehr- und Lernmittel

Im Folgenden wird zum allgemeinen Verständnis und in Hinblick auf die spätere Analyse der Lehrerbegleithefte der Begriff Audiovisuelle Lehr- und Lernmittel oder auch Audiovisuelle Medien kurz definiert.

Bönsch (1973) schreibt: „Audiovisuelle Mittler (AVM) sind diejenigen technischen Hilfen, die als [....] Aussage- und Informationsträger im Unterricht Verwendung finden können" (S. 18).

Fuchs und Kroll (1982) geben eine detailliertere Begriffsklärung ab. Zunächst definieren sie allgemein Lehr- und Lernmittel als

> „gegenständliche pädagogische Mittel, die Lehrenden und Lernenden dazu dienen, ziel- und inhaltsdeterminierte Lehr- und Lernprozesse zu ermöglichen oder wesentlich zu unterstützen. Mit dem Adjektiv »gegenständlich« trennen wir die Lehr- und Lernmittel von anderen bedeutsamen Mitteln, die dem Lehrenden zur Verfügung stehen (z. B. der Sprache im Lehrervortrag), ab. Lehr- und Lernmittel sind bewußt [sic] eingesetzte (präparierte oder unpräparierte) Originale oder Abbildungen der objektiven Realität oder von deren Abstraktionen." (S. 10)

Lehr- und Lernmittel können in die zwei Hauptgruppen *gedruckte* und *audiovisuelle Lehr- und Lernmittel* eingeteilt werden. Dabei findet wiederum eine Unterteilung in drei Untergruppen statt: visuell wirkende Mittel, wie Dias oder der Film ohne Ton; auditiv und visuell wirkende Mittel, wie der Tonfilm sowie nur auditiv wirkende Mittel, wie z. B. das Tonband (vgl. ebd., S. 11).

Zusammenfassend geben Fuchs und Kroll (1982) folgende Definition:

> Audiovisuelle Lehr- und Lernmedien sind solche Lehr- und Lernmittel, die unter der Nutzung der Fotografie, der Kinematografie, der Projektionstechnik, der Tontechnik und der Fernsehtechnik entstanden sind. [....] Audiovisuelle Lehr- und Lernmittel ermöglichen eine weitgehend getreue Wiedergabe der objektiven Realität in Bild- und Ton; damit sind sie eine wesentliche Hilfe für die Erfüllung der didaktischen Forderung nach Verbindung der Lehre mit der Praxis.

Mit Hilfe von audiovisuellen Medien lassen sich Vorgänge wahrnehmbar (sichtbar und/oder hörbar) machen, die dem unmittelbaren Erfassen durch unsere Sinnesorgane verschlossen sind (beispielsweise durch […] Zeitraffung) […].

Audiovisuelle Lehr- und Lernmittel bieten hervorragende Möglichkeiten einer ideologierelevanten Gestaltung. [….]

Die Einheit von rationalem Erkennen und emotionalem Erleben, die den Verlauf und das Ergebnis des Lernprozesses mitbestimmt, läßt [sic] sich – als Wechselbeziehung dieser beiden Komponenten – mit Hilfe von audiovisuellen Lehr- und Lernmedien zielgerichtet planen und realisieren. [….]

Didaktisch-methodisch richtig gestaltete audiovisuelle Lehr- und Lernmittel bewirken eine Intensivierung der Lernprozesse durch Steigerung der inneren und äußeren Aktivität der Lernenden." (S. 12)

Diese, 1982 veröffentlichte, Definition von audiovisuellen Lehr- und Lernmitteln, unter die das in dieser Studie zu analysierende Medium Film zu zählen ist, gibt einen umfassenden Blick auf die didaktischen Aspekte dieser Medien. Vor allem die angesprochene „ideologierelevante[…] Gestaltung" (ebd., S. 12) ist zwar in diesem Werk aufgrund des Erscheinungsjahres auf den herrschenden Kommunismus zurückzuführen, lässt jedoch aus heutiger Sicht ebenso eine Bezugnahme auf den Nationalsozialismus zu.

2.2.2 Der Schul- und Unterrichtsfilm

Aus Erfahrungen der eigenen Schulzeit sowie als Lehrerin im Rahmen des Praxissemesters in der Schule ist der fachlich eingesetzte Unterrichtsfilm am häufigsten in den Fächern Geschichte, Biologie, Deutsch sowie den Fremdsprachen vorzufinden.

Im Rahmen dieser Untersuchung ist der Geschichtsunterricht für den Filmeinsatz im nationalsozialistischen Unterricht von größter Bedeutung. Dithmar (1989) schreibt unter der Überschrift *Medien im Geschichtsunterricht der nationalsozialistischen Schule*, dass der „Lehr- und Lernerfolg im Geschichtsunterricht ohne Medien als gering einzuschätzen [sei]. Die Auseinandersetzung mit den Phänomenen der Geschichte ist in der Verlaufsgeschichte und bei übergreifenden Zusammenhängen [ist]nur über die Medien möglich, über Darstellungen, Quellen, Bilder, ja auch über Erzählungen oder einen historischen Roman" (S. 59).

Auch hier wird das „Medium im didaktischen Sinne als Vermittler von Primärerfahrung [....] [sowie] Stellvertreter der Wirklichkeit" (ebd., S. 59) bezeichnet. Im Geschichtsunterricht bedeutet dies „Vermittlung des Unterrichtsgegenstandes [und] Optimierung des Lernerfolges" (ebd., S. 59). Es ist vor allem in diesem Unterrichtsfach besonders wichtig, Medien einzusetzen, da nur sehr wenige geschichtliche Ereignisse von den Schülerinnen und Schülern selbst miterlebt werden können und konnten, die im Unterricht laut Lehrplan thematisiert werden sollten.

Köppen und Schütz (2007) zitieren Propagandaminister Joseph Goebbels: „Der Film »appelliert nicht an den Verstand, nicht an die Vernunft, sondern an den Instinkt. Er ist eine sinnliche Kunst insofern, als er das Auge durch das Ohr anspricht, im elementarsten Sinne den menschlichen Organismus.« [....] [Der]Film „trifft [...] das Gefühl der Zuschauer unmittelbar durch die Sinne und umgeht derart die rationale Kontrolle. [So] gestaltet der Film seine Betrachter ohne ihre Kenntnis" (S. 23f.).

Der Herausgeber der in diesem Buch ausschnittsweise analysierten Lehrerbegleitheft-Reihe Dr. Walther Günther hat zum *Film- und Lichtbildgebrauch in der Schule* 1939 ein entsprechendes Buch veröffentlich. Er war der Meinung, dass der Einsatz von Unterrichtsfilmen nicht ohne genaue Zielvorgabe und auch nicht ohne exakte Planung durchgeführt werden sollte (vgl. Günther, 1939, S. 7), sondern „man muß [sic] ihnen [den Schülern, Anmerk. d. Verf.] Sonderaufgaben da zugestehen, wo sie sie lösen können. Sie liegen zu einem guten Teil darin, alle bewegten Bildfolgen schärfer beobachten, besser vergleichen, verknüpfen und darum schließlich anschaulich denken zu können" (Ebd., S. 7 f.). Neben diesem Aspekt ging es Günther auch um die Formung der „Arbeits- und Lebensgestaltung" (ebd., S. 8) der Jugendlichen. Er spricht die Frage an, die in dieser Studie ebenfalls eine Rolle spielen soll, nämlich „zu prüfen, wieweit Film und Bild die Schule ihrem Ziel und ihren Wegen nach umgestalten helfen könnten" (ebd., S. 8).

Für Günther ist der Film in seiner Wirkung dem Lichtbild vorzuziehen (vgl. ebd., S. 16). Der Film ist „Ausschnitt in noch viel höherem Maße [...] aus den Hintergründen und Absichten wie jedes Lichtbild" (ebd., S. 16). Günther geht davon aus, dass jedem Film durch seinen Hersteller eine besondere Bedeutung beigemessen wird, die unbedingt erkannt werden muss. „Die Herstellerabsicht kann sein, in einem Film zu unterhalten, zu belehren, einfach zu berichten, zu unterrichten, zu erziehen, zu werben oder zu erbauen" (ebd., S. 17). Dies ist allerdings nur dann möglich, wenn die Schüler es gelernt haben, Bilder und Filme zu sehen und sich dementsprechend ihrer Wirkung auch ohne Anleitungen durch den Lehrer bewusst werden können (vgl. ebd., S. 19). Günther (1939) fasst dies folgendermaßen zusammen: „Lange Erfahrung hat gelehrt, daß [sic] ohne Pflege der Sehfähigkeit Filme auf die Dauer nicht erfasst werden können" (ebd., S. 65).

Zusammenfassend lässt sich sagen, dass der Unterrichtsfilm für Günther (1939) eine zentrale Bedeutung hatte: „Ihre Hauptaufgabe ist, im Unterrichte gebraucht zu werden, daneben ist es nötig, sie in Elternstunden einzusetzen und von Zeit zu Zeit auch in Feierstunden der Schule so zu verwenden, daß [sic] diese recht reich werden" (ebd., S. 80).

2.2.3 Reichsstelle für den Unterrichtsfilm

Bernhard Rust, der den Vorsitz im 1934 gegründeten Reichsministerium für Wissenschaft, Erziehung und Volksbildung innehatte, sah den Unterrichtsfilm als unerlässlich für die erfolgreiche Vermittlung nationalsozialistischer Grundsätze an. Dementsprechend wurde noch im gleichen Jahr u. a. vom Verwaltungsjurist Kurt Zierold die *Reichsstelle für den Unterrichtsfilm (RfdU)* gegründet, mit der Begründung: „»Der Film soll als gleichberechtigtes Lernmittel überall dort an die Stelle des Buches usw. treten, wo das bewegte Bild eindringlicher als alles andere zum Kinde spricht. Es ist mein Wille, daß [sic] dem Film ohne Verzögerung in der Schule die Stellung geschaffen wird, die ihm gebührt«" (Paschen, 1983, S. 38f.). Darüber hinaus sollte das gesamte Filmwesen intensiver in die Schule integriert werden, u. a. sollten Filme für den Unterricht, entsprechend den Themen des Lehrplans, produziert sowie die Schulen nach und nach mit Vorführgeräten ausgestattet werden. Zusätzlich wurden im gesamten Reich die sogenannten Landesbildstellen sowie Kreis- und Stadtbildstellen ausgebaut, die als staatliche Einrichtungen „[p]ädagogische, technische, archivarische und organisatorische Aufgaben zur Förderung des Unterrichtsfilms" (ebd., S. 42) hatten. Leiter dieser Einrichtungen waren Lehrer, die diese Aufgabe ehrenamtlich neben ihrem eigentlichen Beruf ausführten.

Neben der *Reichsstelle für den Unterrichtsfilm* hatte im Dritten Reich das Reichspropagandaministerium, welches im nachfolgenden Unterkapitel kurz vorgestellt wird, die einzige Verantwortlichkeit für Filmproduktionen inne. Es handelt sich dabei um zwei konkurrierende Einrichtungen, wobei es vor allem Kurt Zierolds Verdienst war, dass es der Reichsstelle für den Unterrichtsfilm erlaubt war, Filme für den Schulunterricht zu produzieren. „Dafür mußten [sic] Zugeständnisse gemacht werden: Der Unterrichtsfilm sollte stumm bleiben, obwohl die Vertonung technisch möglich war. Ferner sollte sich die Reichsstelle nicht um die Filme für die »staatspolitische Erziehung« kümmern; dafür blieben Goebbels´ Propagandaministerium bzw. die Gaufilmstellen der NSDAP zuständig" (ebd., S. 40). Die oben erwähnten Bildstellen hatten die Auflage, eng mit der Partei zusammenzuarbeiten, indem sie u. a. die als staatspolitisch wertvoll eingestuften Filme, wie z. B. den von Riefenstahl produzierten Reichsparteitagsfilm *Triumph des Willens* im Unterricht, aber auch auf Elternabenden vorführen sollten (vgl. ebd., S. 42), wodurch trotz konkurrierenden Verhältnisses eine produktive Zusammenarbeit zwischen beiden Einrichtungen entstand.

Neben der Versorgung der Schulen mit jeweils mindestens einem Filmvorführgerät, war es weiterhin eine zentrale Aufgabe der Reichsstelle die Lehrer im Umgang mit der Vorführtechnik und den Filmen auszubilden. Darüber hinaus mussten sie aus Vorschlägen, die Lehrer und Schulen für neue Filmprojekte machten, die nächsten Produktionen auswählen. Als ab dem Jahre 1937 die Lehrpläne für die Schulen verändert und nationalsozialistischen Grundsätzen und Leitideen angepasst wurden, wuchs der Druck für die Reichsstelle. Es wurden u. a. Filme, die die Wehrmacht dokumentierten produziert, um die Jugendlichen für den Kriegseinsatz vorzubereiten. Mit Kriegsbeginn einhergehend war eine zunehmende Verringerung von Filmproduktionen der Reichsstelle. Viele Schüler und Lehrer wurden zum Fronteinsatz eingezogen, Schulen geschlossen sowie Vorführgeräte zur Truppenbetreuung eingesetzt, weshalb Unterrichtsfilme nur noch bezüglich des Wehrdiensteinsatzes von Bedeutung waren. Im Jahre 1940 folgte die Umbenennung der *Reichsstelle für den Unterrichtsfilm* in die *Reichsanstalt für Film und Bild in Wissenschaft und Unterricht (RWU)*. Ihr waren, auch vor Kriegsbeginn, zusätzlich Abteilungen, wie die Lichtbild- und die Hochschulabteilung zugeordnet worden. In den letzten Kriegsjahren war die Produktion von neuen Unterrichtsfilmen aus technischen und organisatorischen Gründen unmöglich geworden (vgl. ebd., S. 43ff.).

2.2.4 Reichspropagandaleitung der NSDAP / Amtsleitung Film

Das Reichsministerium für Volksaufklärung und Propaganda, dessen Vorsitz Joseph Goebbels am 13. März 1933 übernahm, bestand aus den Abteilungen Presse, Film, Rundfunk und Theater. Die Leitung der Abteilung Film hatte Ministerialrat Dr. Seeger inne. Die genaue Bezeichnung für diese Stelle ist *Reichspropagandaleitung der NSDAP / Amtsleitung Film*, wobei es sich um die hauptverantwortliche Einrichtung für das Filmwesen der Partei im nationalsozialistischen Staat handelt. Ihr unterstellt waren u. a. die Abteilung Filmtechnik und Filmberichterstattung, wo Aufnahmen für die nationalsozialistischen Wochenschauen gedreht wurden. Darüber hinaus wurden regelmäßig Filme über Großveranstaltungen der Partei, wie z. B. der *Tag von Potsdam* oder die Reichsparteitage in Nürnberg produziert (vgl. Barkhausen, 1982, S. 192ff).

Die Tatsache, dass sofort nach der Machtergreifung Hitlers eine solche Neustrukturierung der Propagandaorganisation stattfand, führte dazu, dass „die Presse ebenso wie der Film in so kurzer Zeit bereits im Sinne der NS-Regierung funktionierten" (ebd., S. 195). Dies erlaubte der Staatsspitze einen frühen Beginn der Beeinflussung des Volkes im Sinne nationalsozialistischer Propaganda. Joseph Goebbels äußerte sich bereits 1933 dazu folgendermaßen: „»Wir sind der Überzeugung, daß [sic] der Film eines der modernsten und weitreichendsten Mittel zur Beeinflussung der Massen ist, die es überhaupt gibt. Eine Regierung darf deshalb den Film nicht sich selbst überlassen«" (ebd., S. 200). Köppen und Schütz (2007) schreiben: „[Eine] gute Tendenz, aus dem Geist des Nationalsozialismus, mit künstlerischen Mitteln ausgedrückt, war das mittelfristige Ziel, das Goebbels den Filmschaffenden stellte. Kunst und Propaganda schienen dabei wesensgleich, insofern ästhetische Erziehung und politische Beeinflussung auf das Gleiche zielten: den Menschen zu formen" (S. 7).

Im Laufe der Herrschaft Hitlers entstand, auch im Hinblick auf den bevorstehenden Krieg, eine engere Zusammenarbeit der Reichspropagandaleitung mit der Wehrmacht. Es wurde eine sogenannte Propaganda-Einsatzstelle gegründet, von der aus das Propagandaministerium mit Hilfe der Arbeit von Kriegsberichterstattern und speziell gebildeten Propagandatruppen im Rahmen der Wochenschau über Geschehnisse an der Front informieren wollten. Mit den Vorbereitungen zum Kriegseintritt sowie Kriegsbeginn wurde die Laufzeit der Wochenschauaufnahmen reduziert, die

Anzahl ihrer Kopien jedoch erhöht. Des Weiteren wurden Filme über für das Dritte Reich entscheidende politische Ereignisse, wie z. B. Hitlers Einmarsch in Österreich im Jahre 1938, aber auch Reichsinterne Feierlichkeiten, wie z. B. Hitlers 50. Geburtstag 1939 u. v. m. im Auftrag der *Reichspropagandaleitung der NSDAP / Amtsleitung Film* gedreht (vgl. Barkhausen, S. 202ff.).

An dieser Stelle kann bereits erwähnt werden, dass auch die in dieser Untersuchung vorgestellten Quellen, d. h., die einzelnen Ausgaben der Lehrerbegleitheft-Reihe *Staatspolitische Filme* im Auftrag der *Reichspropagandaleitung der NSDAP / Amtsleitung Film* entstanden sind. Genauere Informationen werden im entsprechenden Unterkapitel gegeben.

2.2.5 Leni Riefenstahl

Im Laufe ihres 101jährigen Lebens sind viele Filme, Fotografien und Bücher von und mit ihr entstanden. Zwei ihrer Werke, der zweiteilige Film *Olympia. Fest der Völker. Fest der Schönheit* sowie der Film über die Wehrmacht *Tag der Freiheit* sind in der vorliegenden Studie Grundlage für die Analyse der dazugehörigen Lehrerbegleithefte. Das Leben und Werk der Regisseurin, Schauspielerin und Tänzerin gilt auch heute, fast 10 Jahre nach ihrem Tod im September 2003, als umstritten. Ihre Rolle im nationalsozialistischen Staat sowie ihre Beziehung zur Staatsspitze geben immer wieder Anlass zu Diskussionen.

Helene Bertha Amalie Riefenstahl wurde 1902 in Berlin geboren. Nachdem sie 1918 ihr Abitur ablegte, folgten mehrere Engagements als Tänzerin, in den späten zwanziger Jahren als Schauspielerin. Ihr Regiedebüt gab sie 1931/32, als sie den Film *Das blaue Licht* produzierte. Es handelt sich hierbei, wie auch in allen Werken zuvor, um einen Film zum Thema Bergsteigen. Eine Verbindung zur Politik in Bezug auf ihre Arbeit ist zu diesem Zeitpunkt noch nicht zu erkennen (vgl. Trimborn, 2002).

Erst im Jahre 1932 trifft sie erstmals auf Adolf Hitler. Zunächst nicht persönlich, aber Riefenstahl besucht die Rede Hitlers im Berliner Sportpalast. Laut eigenen Aussagen wird sie dort auch zum ersten Mal mit dessen politischen Ansichten und Zielsetzungen konfrontiert. Hitler hinterließ bei ihr einen „faszinierenden Eindruck" (Müller, 1993), der sie die Rede „wie in Trance" (Trimborn, 2002, S. 127) verfolgen ließ. Die Staatsspitze erkannte Riefenstahls Regietalent und beauftragte sie in den kommenden Jahren mit zwei, wie sie selbst immer wieder mit Nachdruck betonte, Dokumentarfilmen zu den nationalsozialistischen Reichsparteitagen. Es handelte sich hierbei um die Werke *Sieg des Glaubens* und *Triumph des Willens*, die in den Jahren 1933 und 1935 uraufgeführt wurden. Ebenfalls 1935 bekam sie den Auftrag, einen eigens die Wehrmacht dokumentierenden Film zu drehen. *Tag der Freiheit – Unsere Wehrmacht!*, auf den im nachfolgenden Teil dieser Arbeit noch näher eingegangen wird. Ende 1935 beginnt Riefenstahl die Planungen für die Dreharbeiten zum zweiteiligen Film über die Olympischen Spiele von 1936, welcher sie bis zum Mai 1938 beschäftigt und der ebenfalls im kommenden Teil des vorliegenden Buches vertiefend aufgegriffen wird. In den folgenden Jahren dreht Riefenstahl mehrere Kurzfilme über das Kriegsgeschehen. Nach Kriegsende wird sie in Kitzbühel verhaftet und nach einigen Verhören entlassen. Nach Abschluss eines Verfahrens im Rahmen der Nürnberger Kriegsverbrecherprozesse wird Leni Riefenstahl „als »Mitläuferin« eingestuft" (ebd., S. 565). Dieses Urteil und die Erinnerung an ihre Rolle im nationalsozialistischen Staat sowie ihre Beziehung zur Staatsspitze sorgen dann dafür, dass sie wenige oder gar keine Filmaufträge bekommt und ihre Ambitionen für Filmprojekte nicht unterstützt oder sogar boykottiert werden. Sie orientiert sich dann in ihrer Arbeit neu und besucht in den 60iger Jahren erstmals das afrikanische Volk »Die Nuba«, über deren Leben sie in den kommenden Jahren mehrere Bildbände veröffentlichte. Im Alter von 70 Jahren macht Riefenstahl ihren Tauchschein, woraufhin sie Filme und Bildbände produziert, die dem Zuschauer das Unterwasserleben verschiedenster Teile der Welt näher bringen. Bereits 1987 erscheinen ihre Memoiren, in denen sie ihre Version der eigenen Lebensgeschichte der Öffentlichkeit präsentiert. Die 90iger Jahre sollten ein erneutes Wiederaufleben der Begeisterung an Riefenstahls Werken mit sich bringen. Es werden in diesen Jahren Ausstellungen zu ihrem Leben und ihren Werken ausgerichtet, u. a. in Japan, Italien, Amerika und Deutschland. Was in den darauffolgenden Jahren folgte, waren mehrere Ehrungen für ihr Lebenswerk sowie neue Afrikaexpeditionen und -projekte. Im September 2003 stirbt Leni Riefenstahl schließlich 101jährig an Altersschwäche in ihrer Villa am Starnberger See (vgl. ebd. S. 562ff.)

2.2.6 Zusammenfassung

In diesem Kapitel konnte verdeutlicht werden, dass der Film im Nationalsozialismus ein sehr weitreichendes Thema darstellt. Die zwei hauptverantwortlichen Stellen *Reichsstelle für den Unterrichtsfilm* sowie *Reichspropagandaleitung der NSDAP / Amtsleitung Film* konkurrierten hinsichtlich ihres Zuständigkeitsbereiches miteinander. Da Letztere für sämtliche Filmprojekte im Reich zuständig waren, war es der Reichsstelle für den Unterrichtsfilm verboten, Tonfilme zu produzieren. Solche und andere Konflikte prägten das Filmwesen des Dritten Reiches. Der Schul- und Unterrichtsfilm hat sich jedoch trotz allem im nationalsozialistischen Staat enorm entwickelt, was die Vielzahl von Filmen für die verschiedenen Unterrichtsfächer beweist. Spiel- und Dokumentarfilme wurden nach Erscheinen von der Filmprüfstelle begutachtet und meist als staatspolitisch wertvoll eingestuft, wie es bei den Filmen *Tag der Freiheit!-Unsere Wehrmacht!* sowie *Olympia* von der Regisseurin Leni Riefenstahl der Fall war. Diese und andere Werke konnte die Partei zur Verbreitung der nationalsozialistischen Ideologie nutzen.

2.3 Begleitmaterialien zu Filmen für Lehrer im nationalsozialistischen Staat

Der Idee, im folgenden Teil des Buches mit dem Material *Staatspolitische Filme* zu arbeiten, liegen mehrere Entwicklungsschritte zu Grunde.

Nach der Entscheidung, mich dem Thema *Medien im Nationalsozialismus* und im Speziellen dem Film zu widmen, hegte sich in mir der Wunsch, die Regisseurin Leni Riefenstahl in diesen Themenbereich mit einzubeziehen. Nach umfassendem Literaturstudium stieß ich auf die Aussage, dass es ein Lehrerbegleitheft zu Riefenstahls zweiteiligem Olympia-Film über die Olympischen Spiele 1936 geben soll. Es begann die Suche nach dem genauen Titel bzw. der Quelle. Zunächst ohne Erfolg, erhielt ich dann bei Bernett (1973) einen Hinweis auf die Quellenangabe des Lehrerbegleitheftes *Olympia*. Nach Einsichtnahme des Heftes in der Bibliothek der Humboldt-Universität in Berlin, sowie weiterer Recherche stellte sich heraus, dass es sich um ein Heft aus einer ganzen Reihe von Lehrerbegleitheften handelt.

Da es neben dem Olympia-Heft ein Material über einen anderen Film von Leni Riefenstahl in dieser Reihe gibt, entschied ich mich dafür, diese beiden Quellen in meiner Studie eingehender didaktisch zu untersuchen. Riefenstahls Werke als Grundlage für die Analyse auszuwählen, gründet sich auf meinem persönlichen Interesse an ihren Werken sowie ihrer Person. Es ist für mich selbst nicht nur interessant, sondern auch hoch spannend, die Verknüpfung zwischen zweien ihrer Filme und der Didaktik ziehen zu können. Darüber hinaus bietet sich mir in diesem Zusammenhang die Möglichkeit, ein bisher nicht analytisch erschlossenes Quellenmaterial nach selbst erstellten Kriterien erstmals zu untersuchen. Dies erlaubt mir freies Agieren und Forschen, wodurch ich mich persönlich noch mehr mit den erarbeiteten Ergebnissen identifizieren kann.

Bezüglich des Forschungscharakters dieser Studie entstand die Idee, die Quellen in Hinblick auf die nationalsozialistische Formationserziehung zu analysieren. In der Einleitung bereits erwähnt, möchte ich an dieser Stelle nochmals konkret auf die Forschungsfrage zum vorliegenden Untersuchungsmaterial aufmerksam machen. Diese lautet:

Leisten die ausgewählten Lehrerbegleithefte aus der Reihe *Staatspolitische Filme* einen intendierten Beitrag zur Formationserziehung durch den Einsatz von Filmen im schulischen Kontext?

Bei der folgenden Untersuchung liegen die ausgewählten Lehrerbegleithefte im Fokus der Betrachtung. Dazu gehört die didaktische Bewertung sowie der Versuch einer Bezugnahme auf die nationalsozialistische Formationserziehung, wobei geprüft werden soll, ob und inwieweit die Begleithefte die sonst außerschulische Formationserziehung auch in der Schule verwirklichen können.

2.3.1 Lehrerbegleitheft-Reihe *Staatspolitische Filme*

Die Lehrerbegleitheft-Reihe *Staatspolitische Filme* setzt sich zusammen aus 12 Heften, die im Zeitraum von 1932 bis 1941 im Dritten Reich erschienen sind. Bei den einzusehenden Exemplaren handelt es sich ausschließlich um Originale, die in verschiedenen Bibliotheken in Berlin zu finden sind. Im folgenden Abschnitt sind die einzelnen Hefte kurz aufgeführt:

Heft 1:   Jugendfassung für Schulfilm-Pflichtveranstaltungen (1932)

Heft 2:   Jugend der Welt: Sport und Soldaten (1936)

Heft 3:   Verräter (1936)

Heft 4:   Wolkenstürmer und Tag der Freiheit!-Unsere Wehrmacht! (1937)

Heft 5:   Tannenberg (1937)

Heft 6:   Männer machen Geschichte – Der Marsch nach Abessinien (1938)

Heft 7:   Unternehmen Michael (1938)

Heft 8/9:   Olympia (1938)

Heft 10:   Sudeten-Deutschland (1938)

Heft 11:   Deutsches Land in Afrika (1939)

Heft 12:   Hans Westmar (1939)

Heft 12A: Sieg im Westen (1941)

Heft 1 *Jugendfassung für Schulfilm-Pflichtveranstaltungen* von 1932 habe ich lediglich als Titelangabe in verschiedenen Datenbanken gefunden. Aufgrund der Gesamtseitenzahl von 8 und dem Auszug aus dem Inhalt, der die Angabe der anderen Hefttitel enthält, schließe ich, dass es sich hierbei eventuell um eine Vorabausgabe handelt, die die folgenden Hefte ankündigt und zusammenfasst. Ein Nichterscheinen in Bibliotheken könnte dafür sprechen, jedoch kann es lediglich vermutet werden. Wenn diese Annahme stimmen sollte, spräche das für eine durchdachte Vorbereitung der Lehrer auf die folgenden Ausgaben der Lehrerbegleitheft-Reihe seitens der Auftraggeber derselben, der Reichspropagandaleitung der NSDAP/ Amtsleitung Film (vgl. WWW[1]).

Heft 2 *Jugend der Welt: Sport und Soldaten* von 1936 ist zweiteilig aufgebaut. Zu Beginn wird der Film *Jugend der Welt* vorgestellt, welcher von den Olympischen Winterspielen im Februar 1936 in Garmisch-Partenkirchen berichtet. Nach der Erläuterung des Inhaltes folgen mehrere Bilder von den einzelnen olympischen Winterdisziplinen. Der im Anschluss vorgestellte Film *Sport und Soldaten* wurde laut Angaben des Heftes im Auftrage des Reichskriegsministeriums und ebenfalls im

Februar 1936 hergestellt. Der Film soll zur Kriegsvorbereitung der Jugendlichen dienen. Gezeigt und dementsprechend im Heft inhaltlich vorgestellt werden Aktivitäten der Kriegsmarine sowie von Ski- und Gebirgstruppen. Abschließend folgt die Darstellung von verschiedenen Gefechtshandlungen (vgl. Günther, 1936).

Heft 3 *Verräter* aus dem Jahre 1936 ist ein Spielfilm, der von Agenten aus dem eigenen Reich und Spionageaktivitäten durch ausländische Kräfte in verschiedenen Einheiten der deutschen Wehrmacht berichtet. Es werden mehrere Versuche gezeigt, neue Fahrzeuge sowie Waffen des deutschen Staates zu studieren und an andere Regierungen zu verraten. Dieser Film sollte dazu dienen, das deutsche Volk über feindliche Spionagepläne und -vorgehensweisen aufzuklären sowie vor den Folgen von Landesverrat zu warnen. Am Ende des Filmes werden alle Agenten gestellt und einer Strafe für ihre Taten unterzogen, weshalb die Botschaft des Filmes die Vermittlung der Sinnlosigkeit von Unterwanderungsversuchen der deutschen Wehrmacht und insgesamt des deutschen Staates ist (vgl. von der Osten, 1998).

Heft 4 *Wolkenstürmer und Tag der Freiheit!-Unsere Wehrmacht!* von 1937 ist eines der Hefte, die im folgenden Teil des Buches analytisch vorgestellt werden. An dieser Stelle wird daher nur kurz darauf eingegangen. Es handelt sich erneut um ein zweigeteiltes Heft. Der zuerst vorgestellte Film *Wolkenstürmer*, im Jahre 1931 gedreht, dient der Schulung der deutschen Jugend über ausländische Kriegsvorbereitung. Es handelt sich dabei um den Aufbau sowie Übungen und taktische Strategien der Marine und Luftwaffe der Vereinigten Staaten. *Tag der Freiheit!-Unsere Wehrmacht!* ist ein von Riefenstahl produzierter Kurzfilm, welcher explizit die verschiedenen Einheiten der deutschen Wehrmacht zeigt (vgl. Günther, 1937).

Heft 5 *Tannenberg* aus dem Jahre 1937 beinhaltet eine Beschreibung des gleichnamigen Filmes, welcher 1932 von Heinz Paul gedreht wurde. Es handelt sich hierbei um einen Spielfilm, der die Schlacht von Tannenberg aus dem Jahre 1914 dokumentiert und im Sinne der nationalsozialistischen Ideologie auswertet. Dokumentarisch ist der Film, da Entscheidungen und Strategien der deutschen Kommandeure an der Front dieser Schlacht vorgestellt werden. Der Spielfilmcharakter wird dadurch erzeugt, dass das Verhalten, etc. von Ostpreußischen Zivilisten, die an der Schlacht von Tannenberg beteiligt waren, dargestellt wird. Aussage des Filmes soll der mit der Zurückeroberung großer Ostpreußischer Gebiete einen positive Ausgang des

Krieges für den deutschen Staat versinnbildlichen und durch den dokumentarischen Charakter eine möglichst detaillierte Abbildung der Kriegsereignisse liefern. Das wiederum hatte die Funktion der deutschen Jugend ein mögliches Beispiel für einen Schlachtverlauf geben, wodurch sie vor allem mental auf dieselbe vorbereitet werden sollten (vgl. Günther, 1937).

Heft 6 *Männer machen Geschichte – Der Marsch nach Abessinien* von 1938 gibt Erläuterungen zur Bedeutung des Abessinienkrieges von 1935/36 (vgl. WWW[2]). Eine Einsichtnahme in dieses Heft und somit genauere Schilderung des Inhaltes oder Intentionen war mir aufgrund organisatorischer Schwierigkeiten in der Bibliothek der Humboldt-Universität leider nicht möglich.

Heft 7 *Unternehmen Michael* von 1938 gibt Erläuterungen zum gleichnamigen Film, welcher von der sogenannten Frühlingsschlacht im März 1918 in Frankreich berichtet. Zusammengefasst lässt sich sagen, dass Schüler durch den Film lernen sollten, wie wichtig es ist, an der Front durchzuhalten, auch wenn die Lage aussichtslos zu sein scheint. Des Weiteren sollten die Jugendlichen verinnerlichen, dass eine stabile und gut organisierte militärische Führung unerlässlich für einen positiven Ausgang des Krieges ist (vgl. Günther, 1938).

Heft 8, welches zusammen mit Heft 9 als Doppelausgabe *Olympia* herausgegeben wurde, schildert Inhalt und didaktische Empfehlungen zum zweiteiligen Film über die Olympischen Sommerspiele aus dem Jahre 1936 (vgl. Günther, 1938). Es ist das zweite der Hefte, die ich im weiteren Teil der Studie didaktisch analysieren möchte, weshalb weitere Erläuterungen an späterer Stelle erfolgen.

Heft 10 *Sudeten-Deutschland* von 1938 behandelt zwei Filme. Zum einen *Wer will unter die Soldaten?* Und zum anderen *Sudetendeutschland kehrt heim.* Ersterer thematisiert die Ausbildung von Jugendlichen zum Soldaten, richtet dabei sein Hauptaugenmerk auf die Reiterstaffel des Heeres, dementsprechend auch den Umgang und die Pflege der Tiere sowie die spezielle mentale Bindung, die ein Soldat zu seinem Pferd während des Fronteinsatzes aufbaut. *Sudetendeutschland kehrt heim.* ist im Anschluss die Dokumentation der Rückeroberung von Sudetendeutschland aus tschechischer Herrschaft (vgl. Günther, 1938).

Heft 11 *Deutsches Land in Afrika* aus dem Jahre 1939 gibt einen Einblick in das Leben der Einwohner der deutschen Kolonien Deutsch-Ostafrika, Deutsch-Südwest,

Kamerun und Togo, die nach dem Ersten Weltkrieg von den Siegermächten annektiert worden sind. Der Zuschauer soll vermittelt bekommen, auf welch negative Weise sich das Leben in diesen Kolonien verändert hat, nachdem sie nicht mehr zum Deutschen Reich gehörten (vgl. Günther, 1939).

Heft 12 *Hans Westmar* von 1939 schildert die Geschehnisse des gleichnamigen Spielfilmes aus dem Jahre 1933, welcher das Leben und Engagement des Nationalsozialisten Horst Wessel für die Partei im Jahre 1929 sowie seine Ermordung durch Kommunisten im Jahre 1930 thematisiert (vgl. WWW[3]). Auch hier konnte ich aufgrund organisatorischer Schwierigkeiten in der Universität der Humboldt-Universität keine Einsicht in das Exemplar nehmen und somit an dieser Stelle keine weiterführenden Aussagen treffen.

Heft 12A *Sieg im Westen* aus dem Jahre 1941 handelt als letztes Heft der Lehrerbegleitheft-Reihe von den Kriegsereignissen an den Grenzen zu Holland, Belgien und Luxemburg im Mai bis Juni des Jahres 1940. Dabei soll den Jugendlichen verdeutlicht werden, mit welchem Einsatz das deutsche Heer eine Ausbreitung des deutschen Raumes erreicht und wie viel Bedeutung dabei die Stärke der Truppe, der Glaube an den Sieg sowie die bedingungslose Untertänigkeit dem Führer gegenüber haben (vgl. Günther, 1941).

Walther Günther war der Herausgeber der Hefte, Auftraggeber für die Reihe war das Propagandaministerium der NSDAP / Amtsleitung Film. Bereits an dieser Stelle tun sich die ersten Fragen auf: Aus welchem Grund ist es die Partei, genauer gesagt das Reichspropagandaministerium, welche eine didaktische Aufarbeitung ausgesuchter Filme des Dritten Reiches in Auftrag gibt und veröffentlicht? Ein Grund könnte sein, dass die Filme auch vom Reichspropagandaministerium / Amtsleitung Film produziert worden sind. Jedoch war es üblich, dass der Umgang mit Filmen, die im Schulunterricht eingesetzt wurden, der Reichsstelle für den Unterrichtsfilm unterstellt war und auch dort über ihren didaktischen Einsatz entschieden wurde. Darüber hinaus wurden eben solche Filme extra für den Schulunterricht gedreht, was bei den Filmen, die in der Reihe Staatspolitische Filme aufgegriffen werden, nicht der Fall ist. Die Hefte wurden jeweils erst nach der Filmveröffentlichung herausgegeben.

Weiterhin lässt sich hinterfragen, warum nur genau diese Filme als *Staatspolitische Filme* bezeichnet und dementsprechend auch für den deutschen Staat im Unterrichtseinsatz als wertvoll eingestuft worden sind. Dieser Reihe hätte man mit Sicherheit noch einige weitere Filme, die im Nationalsozialismus entstanden sind, zuordnen können. *Triumph des Willens* oder *Sieg des Glaubens*, ebenfalls von Leni Riefenstahl produziert, um nur zwei Beispiele zu nennen.

2.3.2 Zusammenfassung

In diesem Kapitel wurde die Lehrerbegleitheft-Reihe Staatspolitische Filme genau vorgestellt. Die Hefte, welche nicht im folgenden Teil untersucht werden, konnten somit thematisch überblickt werden. Es zeigt sich dabei eine Vielfalt an Themen, die die Filme umfassen. Sie alle orientieren sich jedoch an Ereignissen, die die deutsche Geschichte betrafen und im günstigsten Fall auch in der nationalsozialistischen Zukunft betreffen sollten. Die Reihe hatte die Aufgabe, die Lehrerschaft im Unterrichtseinsatz der beinhalteten Filme zu unterstützen.

3 Untersuchung ausgewählter Exemplare der Lehrerbegleitheft-Reihe *Staatspolitische Filme*

Wie im vorangehenden Teil des Buches bereits erwähnt, war es eine bewusste Entscheidung, mich nun speziell mit den Lehrerbegleitheften, die Filme von Leni Riefenstahl betreffen, zu beschäftigen.

Es werden dazu zunächst die Hefte in ihrem allgemeinen Aufbau sowie der grundsätzlichen Intention vorgestellt, woran sich die Analyse der im Heft gegebenen didaktischen Aspekte anschließt. Diese werden im Anschluss unter Zuhilfenahme der selbsterstellten Elemente zur Formationserziehung untersucht.

3.1 Heft 4: Wolkenstürmer und Tag der Freiheit! - Unsere Wehrmacht!

Im nun folgenden Teil der Untersuchung findet die Analyse des vierten Heftes der Lehrerbegleitheft-Reihe *Staatspolitische Filme* mit dem Titel *Wolkenstürmer und Tag der Freiheit!-Unsere Wehrmacht!* statt.

Wie im Unterkapitel 2.3.1 bereits erwähnt, beschäftigt sich das Heft, welches von Walther Günther herausgegeben wurde, mit zwei Filmen, *Wolkenstürmer* und *Tag der Freiheit!-Unsere Wehrmacht!*, die 1931 bzw. 1935 produziert wurden. Der erste Film ist nicht unter der Leitung von Leni Riefenstahl entstanden, Angaben des Regisseurs sind jedoch nicht auffindbar. Lediglich die Information „Bearbeitet von der Reichspropagandaleitung / Amtsleitung Film / Schulabteilung" (Günther, 1937, S. 1) wird gegeben. Da sich jedoch beide Filme in einem Heft befinden und dort auch zueinander in Beziehung gesetzt werden, findet an dieser Stelle eine gemeinsame Analyse statt.

3.1.1 Aufbau des Heftes

Der zuerst vorgestellte Film *Wolkenstürmer*, im Jahre 1931 gedreht, dient der Schulung der deutschen Jugend über die ausländische Kriegsvorbereitung. Es handelt sich dabei im Speziellen um den Aufbau sowie Übungen und taktische Strategien der Marine und Luftwaffe der Vereinigten Staaten.

Zu Beginn des Heftes wird der Film Wolkenstürmer zunächst in seinen historischen Kontext eingeordnet. Es geht um das Budget, welches der Haushaltsausschuss der Vereinigten Staaten für das Militär in einer Höhe von 416 Millionen Dollar genehmigt hatte. Diese sowie nachfolgende Informationen dazu stammen offensichtlich aus dem „Ausschußbericht" (ebd., S. 1), der nach der Sitzung des Haushaltsausschusses öffentlich gemacht wurde. Im Anschluss wird der Stand des Militärs der Vereinigten Staaten vorgestellt und erläutert. Die Amerikaner selbst sahen in der Ausstattung ihrer Armee nur eine herrschende „Rückständigkeit, [...] vor allem auf dem Gebiet der technischen Ausrüstung" (ebd., S. 1). Was fehlte, waren vor allem „Panzerwagen, halbautomatische Gewehre, Flugabwehrkanonen und sonstige Kriegsgeräte sowie Munitionsdepots" (ebd., S. 1). Es gäbe auch nicht genug Offiziere, wodurch insgesamt eine Verteidigung des Staates gegenüber feindlichen Einheiten nicht möglich sei. Es folgt eine Beschreibung der finanziell zu unterstützenden Gebiete bzw. Einheiten, wie das Schützen von Küsten und dem Panamakanal sowie dem Ausweiten der Luftwaffe durch Flugzeuge und der Einstellung von neuen Soldaten in verschiedenen Einheiten der Armee, wobei bei allen Maßnahmen die Luftwaffe am meisten bedacht werden solle (vgl. ebd., S. 1f.).

Im Begleitheft wird darauf hingewiesen, dass „Zur richtigen Beurteilung der Nachricht" (ebd., S. 2) bedacht werden müsse, dass „sie sich nicht auf die gesamte Wehrmacht bezieht, daß [sic] vielmehr die ganze Seemacht und Luftfahrt fehlen" (ebd., S. 2). Es wird im Folgenden die 1925 beschlossene Aufteilung der Luftwaffe in die Luftwaffe der Land- sowie der Seestreitkräfte erläutert, um zu verdeutlichen, dass beide autonom agieren. Der Film Wolkenstürmer befasst sich mit einer dieser beiden Einheiten, nämlich mit der Arbeit der Marine-Luftflotte (vgl. ebd., S. 2).

Der folgende Abschnitt befasst sich mit der Erläuterung des Aufbaus der Luftflotte der Marine und gibt an, dass diese unterteilt werden kann in die Streitkräfte der Flotte und der Marinekorps, wobei ersteres einen höheren Stellenwert einnähme und aus Erkundungs- und Kampfflugzeugen für taktische Aufgaben an Bord der Kriegsschiffe sowie anderen Fliegern auf Flugzeugträgern bestehe. Aus Letzteren würden die Amerikaner im Einsatz Geschwader bilden. Die Stärke dieser Einheiten könne nur auf 1692 geschätzt werden (vgl. ebd., S. 2).

Es schließt sich ein Abschnitt über die Entstehung des Filmes an, in dem neben der Jahresangabe 1931 auch die Anmerkung „besser »Kameraden« genannt" (ebd., S. 2) vorzufinden ist. Die Suche nach diesem Titel ergab den Hinweis auf einen in Deutschland und Frankreich produzierten Film mit dem Titel Kameradschaft, der über Bergarbeiter und die Überwindung der nach dem Ersten Weltkrieg herrschenden Konflikte zwischen Deutschen und Franzosen berichtet (vgl. WWW[4]) und keine eindeutige inhaltliche Beziehung zum Film Wolkenstürmer besitzt. Lediglich das Ende, an dem in beiden Filmen ein Bergarbeiter bzw. Retter durch den Einsatz seines Lebens Menschen vor dem Tode bewahrt (vgl. Günther, 1937, S. 4). Zur Entstehung wird weiter angegeben, dass er „nach dem Entwurfe eines nordamerikanischen Kapitänleutnants entstanden" (ebd., S. 2) sei. Er „war im Wesentlichen ein für das große Publikum zurechtgemachter Bericht über den 1931 beendeten Ausbauplan für die Marine-Luftflotte der Vereinigten Staaten" (ebd., S. 2). In Deutschland wurde er 1932 veröffentlicht.

Nach einer kurzen Passage über den Inhalt, in der von „technische[n] und persönliche[n] Großleistungen, durch Einsatz des ganzen Menschen und seines Apparates an den »Feind«" (ebd., S. 2) berichtet wird. Darauf aufbauend wird eine Einschätzung darüber gegeben, von welch großer Bedeutung es sei, den Film zu sehen:

> „Jeder, der den Film kennt, weiß, wie dies tapfere Verhalten wirkt, und wie sehr jeder, der Sinn für menschliche Leistungen im allgemeinen und fliegerische im besonderen [sic] hat, verwundert, erschüttert und schweren Herzens nach Hause geht. Was hier zusammengeballt ist, das ist organisatorische, pädagogische, technische, körperliche und geistige Hochleistung. Das gibt eine so unheimliche Gesamtwaffe, daß [sic] die Gegner kaum bessere Mittel finden könnten, uns in unserer hoffnungslosen Entwaffnung zu sagen, was eigentlich draußen entsteht, auch an unseren deutschen Grenzen." (ebd., S. 3)

Es wird weiterhin der zweite Film *Tag der Freiheit!-Unsere Wehrmacht!* Für einen „beruhigenden und begeisternden Ausklang der Vorführung" (ebd., S. 3) empfohlen.

Im Anschluss folgt die Frage, weshalb es als staatspolitisch wertvoll gelte, einen amerikanischen Film in Deutschland zu zeigen, was jedoch mit der Begründung, „jeden Wettbewerber, der vielleicht einmal Gegner wird, recht genau kennen zu lernen" (S. 3f.) gerechtfertigt wird.

Um ein Verständnis beim Leser des Heftes für die Absicht des Filmes zu schaffen, folgt die Darstellung der „militärischen Lage Deutschlands" (ebd., S. 4), wie sie durch den Versailler Vertrag nach dem Ersten Weltkrieg beschlossen wurde und dass dieser dafür verantwortlich war, dass die Seestreitkräfte und die Luftfahrt eingestellt wurden. Genauso wurden auch die Londoner Artikel von 1921 vorgestellt, die auch den Bau von Zivilflugzeugen verboten Generell wird auf den folgenden Seiten über die negativen Auswirkungen der Abrüstung berichtet und in diesem Zusammenhang auf die Aufrüstung anderer Staaten verwiesen (vgl. ebd., S. 4ff.). Darauf aufbauend findet die Anmerkung durch ausländische Kräfte statt, dass der „Schutz des Widerstandswillens im Volke [sowie] eine starke Vermehrung der Luftstreitkräfte und der Fliegerabwehr" das oberste Ziel im Staat sein soll (ebd., S. 9). Darauf antwortet man im Begleitheft mit Unmut, da, wie bereits erwähnt, in Deutschland jegliche Vorbereitung auf einen Krieg oder die Verteidigung in demselben, untersagt war.

Anschließend wird auf die Organisation der nordamerikanischen Luftstreitkräfte eingegangen (vgl. ebd., S. 9ff.). Es werden die Leistungen der Amerikaner bezüglich ihrer Flotte gewürdigt, indem gesagt wird, dass die „Art, wie die Schlachtflieger in den Durchbruchsschlachten ihre Infanterie begleiteten, vorbildlich [war]" (ebd., S. 10). Das Begleitheft fährt mit der geschichtlichen Entwicklung der amerikanischen Luftstreitkräfte fort und es wird auf den Bau von Flugzeugbooten im Jahre 1919 mit entsprechendem Luftschiffprogramm, also dem Bau von Schiffen, Hallen, etc. verwiesen: „[Die] Luftstreitkräfte der Flotte wurden nach dem Krieg auf den Atlantischen und Stillen Ozean verteilt. [....] In keinem Jahre hatte der feste Wille nachgelassen, die Luftflotte stark zu erhalten. In jedem Jahre wurde ein Beitrag dazu geliefert, die Kräfte auszubauen" (ebd., S. 11). Anschließend werden die 1926 aufgestellten „Fünfjahrprogramm für die Armeeluftstreitkräfte" (ebd., S. 11), „Fünfjahrprogramm für die Marineluftstreitkräfte" (ebd., S. 11) und das „Handelsluftfahrtgesetz" (ebd., S. 11), welche mehr Flugzeugtypen und mehr Personal bedeuteten, näher erläutert. Anhand von Ergebnissen von Schießversuchen an ehemaligen deutschen Schiffen, wird dem Leser die amerikanische Entscheidung mitgeteilt, dass „für die nationale Verteidigung die unerläßliche [sic] Forderung besteht, das Armee- und Marineflugwesen in der größtmöglichen Weise auszubauen" (ebd., S. 12). Dazu gehörte, „Flugmutterschiffe größten Ausmaßes und größter Geschwindigkeit in Dienst zu stellen. [....] Ebenso wichtig ist die Entwicklung einer wirksamen Luftabwehrwaffe" (ebd., S. 12). Das Begleitheft betont dann, dass es besser wäre, dieses Fünfjahresprogramm als „Dauerprogramm" (ebd., S. 12) zu bezeichnen. Dabei „wird es verständlich, daß [sic] die Gelegenheit dazu benutzt wurde, die Gesamtheit aller möglichen Leistungen zu steigern. [....] und sich nicht mit dem [zu begnügen], was im Ausland für richtig gehalten wurde." (ebd., S. 12) Darauf aufbauend wird die Aussage getroffen: „[M]an darf mit Sicherheit darauf rechnen, daß [sic] angesichts der amerikanischen Wohlhabenheit, alles daran gesetzt wird, die größte, wertvollste, schlagkräftigste Luftflotte zu haben" (ebd., S. 12). Dazu sollten bessere Motoren, ein geringerer Benzinverbrauch u. v. m. gehören. 1927 wurde ein „Tag-, Bomben- und Fernaufklärungsflugzeug" (ebd., S. 13) entwickelt, die folgende Bedeutung hatten:

„Auf einem großen Fluge nach Süd-Amerika legten die neuen Maschinen 35000 km zurück, hielten sich dabei ausgezeichnet und machten es möglich, Rundflüge vorzuführen, die überall starken Eindruck machten. Solche Leistungen sind nur möglich, wenn die Ausbildung scharf und anspruchsvoll ist und wenn sie sich an ausgezeichnete Offiziere und Mannschaften wenden kann. Fast die Hälfte der Eingetretenen muss während der Ausbildung ausscheiden." (ebd., S. 13)

„Neben der Entwicklung der Flugzeuge hat die Förderung der Luftschiffe nicht nachgelassen" (ebd., S. 13). Wichtig für den Krieg war vor allem deren Fähigkeit, große Entfernungen zurücklegen sowie viele Flugzeuge transportieren zu können (vgl. ebd., S. 14). Es folgt auf den nächsten Seiten des Begleitheftes eine Beschreibung des genauen Aufbaus dieser Flugzeugträger (vgl. ebd., S. 14 ff.).

An diese Vorstellung der amerikanischen Flotte und ihrer Entwicklung schließt sich folgendes Kapitel an: „Der Film erzählt nun folgendes" (ebd., S. 19), in dem auf den Inhalt sowie genauen Ablauf des Filmes eingegangen wird. Zum Verständnis der folgenden Unterkapitel soll der Inhalt nun kurz umschrieben werden.

Hauptakteure des Filmes sind zwei Techniker mit Namen Windy Riker und Steve Nelson, die sich während eines Flugeinsatzes mit an Bord der Flieger befinden. Sie stehen in einem Konkurrenzverhältnis zueinander. So beginnt auch der Film. Nach einer Fliegerübung geben sie sich gegenseitig die Schuld an Effizienzfehlern. Riker wird als grob und gewalttätig näher vorgestellt, trotzdem wird betont, wie sehr er sich für andere einsetzt. Als er für ein gewalttätiges Vergehen verhaftet werden soll, setzt sich sein Vorgesetzter für ihn ein, lässt es sich jedoch nicht nehmen, ihn für sein Verhalten abzumahnen. Es folgt die Beschreibung der Abläufe des nächsten Tages, der mit einer Unterhaltungen zwischen Riker und Nelson sowie Unterhaltungen von Vorgesetzten über die Fähigkeiten der beiden beginnt. Daran anschließend werden Vorbereitungen zu einem Übungsflug gezeigt, dabei wird der Titel aufgegriffen: „die Flugzeuge stürmen über den Platz, steigen hoch hinauf bis über das Wolkenmeer" (ebd., S. 22). Bei dieser Übung kommt es dann zu einer Gefahrensituation, da Nelson mit einer nichtabgeworfenen Bombe zurück zum Flugplatz kommt. Riker warnt ihn und er kann die Bombe festhalten. Nach der Landung kommt es zum Streit zwischen den beiden, wer die Schuld für das Vorkommnis trägt. Auf diesen Ausschnitt folgt eine Nachtflugszene, bei der Rikers Pilot einen Zusammenstoß mit einer anderen Maschine erleidet. Riker, der sich zu diesem Zeitpunkt nicht an Bord befindet, muss den Unfall seines Piloten mit ansehen. Dieser verletzt sich und verliert seinen Arm, wodurch er nicht mehr fliegen kann. Nach einigen Wochen ist der Verletzte Pilot geheilt und verlässt die Staffel. Nach der Verabschiedung bricht die Flotte auf zum Panamaflug. Sie landen dafür auf dem Flugzeugträger Saratoga, wo die Flieger zusammen mit der Schiffsartillerie neue Manöver ausprobieren sowie an der Zerstörung zweier außer Dienst gestellter deutscher Schlachtschiffe teilnehmen sollen. Riker verzögert den Abflug, da er das Signalbuch nicht sofort finden kann. Der neue Staffelführer streicht ihm dafür seinen Urlaub. Riker verlässt dann doch seinen Posten für einen Stadtausflug, woraufhin er zu spät zum Schiff zurückkehrt. Er wird vom Kapitän zum Obersteuermann und somit zum Mannschaftsstand degradiert. Sein Konkurrent Nelson wird sein Nachfolger. Es schließt sich die Landeübung eines Zeppelins auf dem Flugzeugträger sowie der Angriff auf drei deutsche Zeppeline an. Nelson stürzt mit seinem Flugzeug ab, wonach Riker und der neue Staffelführer landen, um ihm zur Hilfe zu kommen. Bei diesem Rettungsversuch wird der Staffelführer von den Wellen ins Meer gerissen und an einen Felsen geschleudert. Er ist von da an bewusstlos, Nelson ist am Bein verletzt. Da aufgrund dichten Nebels eine Rettung ausgeschlossen ist, sieht Riker nur die Möglichkeit, mit dem Flugzeug die Verletzten zum Flugzeugträger zurückzubringen, obwohl er nicht zum Fliegen ausgebildet wurde. Es gibt Schwierigkeiten beim Flug, woraufhin Riker die Kontrolle über das Flugzeug verliert und auf den Träger abstürzt. Während die anderen beiden Männer gerettet werden können, verbrennt Riker in den Flammen. Sein Opfer wird zum Ende des Films mit einer Parade geehrt (vgl. ebd., S. 20 ff.).

Im Anschluss an diese Darstellung des Films *Wolkenstürmer* folgt im Begleitheft eine kurze Wiedergabe des Inhalts des zweiten Filmes *Tag der Freiheit!-Unsere Wehrmacht!*.

Wie bereits erwähnt, kann auch im Begleitheft nachgelesen werden, dass Leni Riefenstahl die Gesamtleitung über den Film hatte, dieser jedoch von der Partei produziert wurde (vgl. ebd., S. 28). Zum Inhalt dieses ca. 30 Minuten umfassenden Kurzfilmes wird wenig gesagt. Eingeleitet mit den zwei Sätzen: „Der Film beginnt mit künstlerisch gesehenen und sorgfältig ausgewählten Kleinbildern vom Zeltleben am Morgen des Tages, über den der Film berichtet. Nach dem Aufmarsche hören wir die Führerrede an unsere neue Wehrmacht" (ebd., S. 28). Im Anschluss wird die erwähnte Rede des Führers abgedruckt (vgl. ebd., S. 28 f.), woraufhin die inhaltliche Erläuterung mit folgenden zwei Sätzen endet: „Die Rede wird begeistert aufgenommen. Der Vorbeimarsch der verschiedenen Wehrmachtsteile schließt sich an. Eine kurze Übung der verbundenen Waffen beendet den Film. Unsere Flieger brausen über das Feld, ordnen sich zu Verbänden und schließlich zu einem Hakenkreuz" (vgl. ebd., S. 29).

Es wird dann erneut der erste Film *Wolkenstürmer* aufgegriffen, indem geschrieben wird: „Der zweite Film wird leicht verstanden werden; zum ersten Film muß [sic] aber zu besserem Verständnisse die Verschiebung der Rohstofflage in der Welt gekennzeichnet werden" (ebd., S. 29). Für diese Beschreibung stehen die nachfolgenden zwei Seiten zur Verfügung und es wird zum Ende zum didaktischen Teil des Begleitheftes übergeleitet (vgl. ebd., S. 31 f.), auf den in den folgenden Unterkapiteln der Untersuchung eingegangen wird. Zuletzt werden Empfehlungen zur Vorführung der beiden Filme in der Schule gegeben (vgl. ebd., S. 32).

3.1.2 Grundlegende Intentionen des Heftes

Insgesamt betrachtet strebte die NSDAP mit diesem Lehrerbegleitheft zum einen die Informierung der Deutschen über ausländische Aktivitäten zur Kriegsvorbereitung und zum anderen die Darstellung der Organisation und Arbeitsweise der Wehrmacht insbesondere der Fliegerstaffeln an.

Zum Film Wolkenstürmer steht im Begleitheft geschrieben:

> „Und es wurde damals gewünscht, daß recht viele Deutsche den Film sahen, daß sie sich ein Bild davon machten, was eigentlich draußen vorginge und daß sie endlich wüßten [sic], wie hoffnungslos sie unter dem Drucke feindlicher Mächte und unter dem besonderen Hohne von Abrüstungskonferenzen zu Hause säßen." (ebd., S. 3)

Es wurde auch bedacht, dass beim Studieren des Heftes eventuell die Frage nach der Berechtigung, einen Dokumentation über die amerikanische Aufrüstung als einen für Deutschland wertvollen Film auszuwählen und vorzuführen, gestellt wird. Als Begründung ist angegeben, es wäre der „zurzeit einzige Film, der einen so tiefen Einblick in militärische Vorbereitungen tun läßt [sic]" (ebd., S. 3). Darüber hinaus sei es ein Film von geradezu urkundenhafter Bedeutung" (ebd., S. 3).

Wie bereits angesprochen war es darüber hinaus ein zentrales Anliegen, die Kriegsvorbereitungen anderer Staaten genauestens aufzuzeigen und zu studieren, denn die „Rücksicht auf unsere eigene Sicherheit erfordert, einen möglichst gründlichen Blick in das zu tun, was andere Völker und Staaten aufbauen" (ebd., S. 3). Darüber hinaus war es „von ganz entscheidender Bedeutung, jeden Wettbewerber, der vielleicht einmal Gegner wird, recht genau kennen zu lernen" (ebd., S. 3f.). Dementsprechend sollte der Film *Wolkenstürmer* mit dem zugehörigen Lehrerbegleitheft nicht nur informieren, sondern auch „helfen, die Augen zu öffnen, den Mut zum Sehen zu steigern und in aller Klarheit künftigem Geschehen entgegen sehen zu lernen" (ebd., S. 4).

Zur Intention des Begleitheftes bezüglich des Filmes *Tag der Freiheit!-Unsere Wehrmacht!* kann gesagt werden, dass mit diesem Film eine Verstärkung der eben angesprochenen Intention erreicht werden sollte. Konkret wird dazu gesagt:

„Eine große Aufgabe soll er im Zusammenhange mit dem amerikanischen Film
lösen: er soll in stolzer Bescheidenheit dem Beschauer sagen, daß [sic] neue
Kräfte aufgebrochen sind, daß [sic] die geeinte Kraft der Nation von einem einheitlichen Willen gelenkt und daß [sic] alles Notwendige klar und bestimmt getan wird." (ebd., S. 3)

Es wird betont, dass sowohl die Wahl der Filme, als auch die Festlegung der Reihen-
folge beabsichtigt und gut durchdacht ist. *Tag der Freiheit!-Unsere Wehrmacht!*
„will also nicht als »Beiprogramm« verstanden werden; ihm kommt tiefere Bedeutung zu. Die Veranstaltung klingt also damit aus, daß [sic] der Film vom Reichsparteitage gezeigt wird, in dem unsere Wehrmacht zum ersten Male im Stande der
neuen Wehrfreiheit sich zeige" (ebd., S. 27).

Ebenso kann dieser Film laut Angaben des Heftes als Versprechen der Partei angese-
hen werden, sich keine Sorgen im Falle eines bevorstehenden Krieges zu machen, da
dieser Film der Beweis für die bestmögliche Schulung der Wehrmacht sei: „Dieser
kleine Film wird darum an den großen Film gesetzt, um auszudrücken, daß [sic] auf
deutschem Boden Neues geschieht und versucht wird, zum Ausgleich die ganze
Kraft des deutschen Volkes zu entwickeln und »schlummernde Wehrkräfte« zu
entfachen" (ebd., S. 29).

Weiter kann man den Angaben im Heft entnehmen, dass dieser Film neben seiner
inhaltlichen Intention auch als eine Art Stilmittel verstanden werden kann, durch das
die Intention beider Filme noch intensiver auf den Zuschauer wirken kann: „Und so
gibt dieser Film den beruhigenden und begeisternden Ausklang dieser Vorführung" (ebd., S. 3).

3.1.3 Analyse des Teilabschnittes *Zum unterrichtlichen Gebrauche*

Anders als in dem, im nächsten Kapitel beschriebenen, Begleitheft zu den *Olympia*-
Filmen, werden die didaktischen Aspekte in dem hier vorliegenden Begleitheft zu
den Filmen *Wolkenstürmer* und Tag der *Freiheit!-Unsere Wehrmacht!* nicht unter
dieser Bezeichnung zusammengefasst. In den folgenden Unterkapiteln erfolgt trotzdem eine Beschreibung sowie Analyse dieser kurzen Gesichtspunkte.

3.1.3.1 Aufbau

Die erste didaktische Anmerkung ist für den Film Wolkenstürmer, genauer gesagt im Kontext mit der erwähnten Erklärung zur Verschiebung der Rohstofflage in der Welt (vgl. ebd., S. 29) zu finden. Dem Film kommt dabei folgende Bedeutung zu:

> „So führt uns der Film geradewegs durch die in ihm dargestellte Machtentwicklung weit hinaus über eine bloße Vorführung. Er kann uns zum weltpolitischen Verständnisse führen helfen und gibt Gelegenheit, in den verschiedenen Schulfächern Belege für die Verschiebung zu finden." (ebd., S. 31)

Als Material dazu sollten „erdkundliche Lehrbücher und statistische Grundlagen" (ebd., S. 31) von den Schülern benutzt werden. Methodisch wurde für die höheren Jahrgänge angedacht, in bestimmten Abständen Ausschnitte aus Zeitungen zum Thema zu sammeln und somit die Entwicklung in der Welt zu verfolgen, um die „Jugend auch weltpolitisch sehend zu machen" (ebd., S. 31).

Aus dieser Vorbereitung wurde ein Fazit für die erfolgreiche Verinnerlichung des Filmes Wolkenstürmer gezogen:

> „Dieser Film wird also nur dann verstanden werden, wenn er eingehendvorbereitet wird. Auf allen Stufen werden zwei Dinge verständlich zu machen sein, einmal die Leistung der Flieger sowohl bei den Manövern über Land sowie beim Sturzfluge, und die Kameradschaft, die bis zur Todesbereitschaft geht." (ebd., S. 31)

In diesem Zusammenhang sind vier wichtige didaktische Punkte aufzuzeigen, die laut Begleitheft bei der Rezeption der Spielfilmhandlung helfen sollen.

Zum Ersten „muß [sic] der Schluß [sic] gezogen, daß [sic] er sehr genau gewußt [sic] hat, welches Wagnis er mit seinem Nebelfluge zurück zu seinem Schiffe auf sich nimmt" (ebd., S. 31). Inhaltlich angesprochen wird dabei die Entscheidung des Mechanikers Riker, die anderen beiden Soldaten trotz der Gefahr und Ungewissheit aus der gefährlichen Situation nach dem Flugzeugabsturz zu retten. Es werden dafür keine spezifischen Methoden genannt, sondern nur Textpassagen zitiert, die dieses Verständnis automatisch auslösen sollen:

> „Aus dem Testamente, das nach Rikers Tode gefunden wird, aus der immer neuen Betonung dessen, daß [sic] er einer der besten Soldaten der Staffel ist, aus dem Hinweise auf seine besonderen Leistungen als Mechaniker, aus seiner be-

sonderen Sorgfalt, die er von sich und anderen in der Behandlung der Flugzeuge verlangt." (ebd., S. 31)

Zu diesen Textbeispielen muss meiner Meinung nach angemerkt werden, dass es sich zwar um Aspekte handelt, die auf Riker als vorbildlichen Soldaten schließen lassen, es jedoch beim Studieren der Textstellen nicht automatisch dazu veranlasst, an die tatsächliche Durchführung solch einer mutigen Tat Rikers und schon gar nicht an ein Opfer seinerseits zu denken.

Der zweite Punkt folgt aus dem ersten: „Wird das aus dem ganzen Ablaufe des Filmes erkannt, dann werden die Schüler auch den Schluß [sic] ziehen können, daß [sic] er für sich selbst nicht auf Rettung rechnete" (ebd., S. 31).

Diese Schlussfolgerung kann meiner Meinung nach nicht automatisch erfolgen, nur weil die Schüler Rikers Handeln als tapfer und mutig verstanden haben. Es wirkt vielmehr so, als habe Riker von Anfang an daran geglaubt, allen und somit auch sich selbst das Leben zu retten. Weiterhin wird im Begleitheft angedacht, dass die Schüler folgendes erkennen:

> „In diesem Zusammenhange wird der Faustschlag, den er einem verbissenen Sünder zuteil werden läßt [sic], als er beim Benzintanken Zigarette raucht, noch besonders verständlich. Dieser Zug soll ja nicht nur deutlich machen, wie streng Riker im Dienste ist, sondern soll zugleich vorbereiten, daß [sic] er selbst zur Rettung seiner Freunde in genauer Kenntnis der Gefahren sein Leben aufs Spiel zu setzen bereit ist. In dem einen rettet er den jungen zukunftsreichen Offizier und Staffelführer, im anderen seinen eigenen jungen und tüchtigen Nachfolger als Unteroffizier. Er dient ganz seiner Sache." (ebd., S. 31 f.)

Diesen Punkt sollen die Lehrer den Schülern eindringlich verständlich machen. Methodisch wird angedacht, mit Beispielen aus der Geschichte das Handeln Rikers zu unterstreichen. Beispiele sollen u. a. sein: „Deutsche Beispiele aus Krieg und Frieden, vor allem solche, die ältere Lehrer aus Eigenem beisteuern können, werden den Gedankenkreis erweitern können" (ebd., S. 32). Diese Empfehlung bestärkt die zu Beginn der Untersuchung getroffene Aussage, dass vor allem die Geschichtslehrer am besten ohne Buch unterrichten sollten, um durch die Erzählung eigener Erlebnisse bzw. Erinnerungen die Schüler für die Geschichte zu begeistern.

Neben diesen inhaltlichen Lehren, welche die Schüler aus dem Film *Wolkenstürmer* ziehen sollten, war es im Begleitheft der dritte wichtige Punkt, bei den Schülern den „Blick für besondere filmische Leistungen zu wecken" (ebd., S. 32). Da dies offenbar eine anspruchsvollere Leistung vor allem für die jüngeren Schüler darstellte, wurde empfohlen, für welche Klassenstufen dieses didaktische Ziel erreichbar war, nämlich „für die obersten Klassen der Volks- und der Mittelschulen, für Aufbauklassen, für die Mittel- und Oberstufen der höheren Schulen und für die Fach- und Berufsschulen" (ebd., S. 32). Eine konkreter didaktischer Leitfaden wurde im Begleitheft zwar nicht gegeben, jedoch ein Beispiel aus dem Film vorgestellt, mit dessen Hilfe die Schüler die filmische Leistung erkennen sollten. „Das besonders eindrucksvolle Bild von den drei Zeppelinen, die nebeneinander mehrfach aus den Wolken auftauchen, eignet sich sicher dazu, Gewalt und Größe des Bildes spürbar zu machen" (ebd., S. 32). Dieses gewählte Beispiel macht lediglich im Ansatz deutlich, inwieweit filmisch oder künstlerisch an dem Film gearbeitet wird. Vielleicht wird es hier unglücklich ausgedrückt, aber allein die Bilder der drei Zeppeline macht sicher nicht gänzlich die Bandbreite des Filmschnittes oder die künstlerische Gesamtkomposition des Filmes deutlich. Darüber hinaus ist unverständlich, warum nur dieses Beispiel aufgezählt und nicht auf weitere Beispiele verwiesen wurde. Die Übungseinsätze der Flieger z. B. sind im Rahmen eines Spielfilms mit Sicherheit in eindrucksvollen Bildern inszeniert worden.

Darauf aufbauend ist ein vierter, für die Schüler und deren Erkenntniszuwachs wichtiger Punkt, der besondere Einsatz der Kameraleute: „Ganz ähnlich wie bei Schneelauf- und Bergfilmen, ist es hier notwendig gewesen, daß [sic] der Kameramann sich noch mehr einsetzte, als diejenigen, die er aufnahm" (ebd., S. 32). Zur Arbeit der Kameraleute wird im Begleitheft lediglich dieser Satz erwähnt. Der Sinn dieser Aussage sowie daraus zu ziehende Konsequenzen für die Schüler und ihre Verstehensleistung wird hieran nicht deutlich gemacht. Selbstverständlich ist es ein Punkt von Bedeutung, vor allem nachdem die Schüler die künstlerischen Leistungen des Filmes verinnerlichen sollten, jedoch reicht es dann nicht aus, die Arbeit der Kameramänner lediglich anzusprechen. Es wäre zur damaligen Zeit z. B. möglich gewesen, die Schüler einen Aufsatz über die Gefahrensituation aus Sicht der Kameramänner schreiben zu lassen, wodurch sie sich auch emotional in deren Leistungen hineinversetzen lassen.

Zum Abschluss der didaktischen Aspekte folgt im Begleitheft eine Empfehlung für die Vorführung der beiden vorgestellten Filme:

> „Die Veranstaltung hat ihren festen Aufbau […] Wenn der erste Film hinrei-chend im Unterrichte vorbereitet ist, wird es keiner langen Einstimmung im Theater bedürfen. Wohl aber empfiehlt es sich, nach dem ersten Filme eine kur-ze Pause einzuschalten und in ihr auf den zweiten Film vorzubereiten. Gerade nach der Spannung, die der erste Film erzeugt hat, empfiehlt es sich, darauf hin-zudeuten, wie wir, umgeben von starken militärischen Mächten gezwungen sind, uns gegen jeden Überfall zu wappnen. Wenn dann der Film mit der Füh-rerrede und mit den Übungen unserer Wehrmacht vorbei ist, werden die beiden Nationallieder gesungen. Sie lassen den Film in kraftvollem Bekenntnisse aus-klingen." (ebd., S. 32)

Fast wie eine Anordnung zu verstehen, wird auf das Singen der Nationallieder nach der Vorführung der beiden Filme verwiesen.

3.1.3.2 Didaktische Bewertung

Zu Beginn dieses Unterkapitels muss erwähnt werden, dass hier eine zunächst ange-dachte didaktische Bewertung auf Grundlage eines didaktischen Modells nicht möglich ist, da es sich dabei lediglich um die im Vorangehenden aufgezeigten Punk-te handelt und diese im Begleitheft auch nicht im Sinne einer didaktischen Konzepti-on verstanden werden sollen. Darüber hinaus liegt der Fokus der Untersuchung in dieser Studie auf dem Bezug der Begleithefte zur Formationserziehung mit Hilfe selbst erstellter Kriterien.

Zusammenfassend zu den im vorangehenden Unterkapitel aufgeführten didaktischen Punkten lässt sich jedoch sagen, dass es erstaunlich wenig didaktische Aspekte sind, die erwähnt werden. Darüber hinaus sind die erwähnten Aspekte in sehr geringem Umfang didaktisch beschrieben und wie ebenfalls im vorangehenden Unterkapitel erwähnt, z. T. in ihren Empfehlungen eher unverständlich bzw. unvollständig, wie z.B. die Honorierung der Arbeit der Kameramänner. Im Hinblick auf den histori-schen Kontext, also der nationalsozialistischen Herrschaft, sind diese didaktisch angelehnten Angaben fast schon als enttäuschend zu betrachten.

3.1.4 Zusammenfassung

Das Lehrerbegleitheft *Wolkenstürmer und Tag der Freiheit!-Unsere Wehrmacht!* beschäftigt sich mit den amerikanischen Aufrüstungsplänen sowie der Organisation der deutschen Wehrmacht. Darüber hinaus zeigen die gleichnamigen Filme die positiven sowie negativen Aspekte soldatischer Kameradschaften auf. Die didaktischen Anmerkungen wurden vom Verfasser sehr kurz gehalten und boten daher keinen Ansatz für eine umfassende Analyse. Für die spätere Untersuchung der Funktion des Heftes für die nationalsozialistische Formationserziehung wird dann das gesamte Heft in den Fokus der Betrachtung gerückt.

3.2 Heft 8/9: *Olympia*

Im nun folgenden Teil der Studie findet die Analyse des achten und gleichzeitig neunten Heftes der Lehrerbegleitheft-Reihe *Staatspolitische Filme* mit dem Titel *Olympia* statt.

Wie im Unterkapitel 2.3.1 bereits erwähnt, beschäftigt sich die Doppelausgabe, welche von Walther Günther herausgegeben wurde, mit dem zweiteiligen Film Olympia, welcher während der Olympischen Sommerspiele 1936 von Leni Riefenstahl und ihren Kameramännern gedreht und produziert und im Jahre 1938 uraufgeführt wurde.

3.2.1 Aufbau des Heftes

Das Lehrerbegleitheft *Olympia* enthält Angaben zum Inhalt sowie didaktische Empfehlungen zum Unterrichtseinsatz des zweiteiligen Filmes Olympia. Fest der Völker. Fest der Schönheit. für den Unterricht in der Zeit der nationalsozialistischen Herrschaft.

Zu Beginn des Heftes, genauer gesagt in der Umschlaginnenseite sind die Olympische Hymne sowie die sogenannte Feuerhymne abgedruckt (vgl. Günther, 1938).

Die erste Seite fasst die Informationen zur Produktion der beiden Filmteile zusammen. Leni Riefenstahl als Verantwortliche für die „Gesamtleitung und künstlerische

Gestaltung" (ebd., S. 1) sowie die Auflistung der Kameramänner und die Anmerkung der Filmprüfstelle „Der Film ist staatspolitisch wertvoll, künstlerisch wertvoll, kulturell wertvoll und volksbildend" (ebd., S. 1) sind dort u. a. vorzufinden.

Seite zwei zeigt ein Foto von Adolf Hitler in Begleitung vom Reichssportführer Hans von Tschammer und Osten während der Olympischen Spiele, gefolgt vom Inhalt der Filme ab Seite 3, welcher durch folgendes Geleitwort Hitlers eingeleitet wird:

> „Der sportliche, ritterliche Kampf weckt beste menschliche Eigenschaften. Er trennt nicht, sondern eint die Gegner in gegenseitigem Verstehen und beiderseitiger Hochachtung. Auch er hilft mit, zwischen den Völkern die Bande des Friedens zu knüpfen. Darum möge die Olympische Flamme niemals erlöschen." (ebd., S. 3)

Die eigentliche Inhaltsangabe beginnt dann mit dem ersten Punkt des Filmes, nämlich dem Geleitspruch des Reichssportführers von Tschammer und Osten, welcher u. a. folgendes enthält:

> „Ich erwarte aber besonders von der deutschen Jugend, daß [sic] sie den Ruf der Olympischen Glocke erneut und verstärkt aufnimmt und uns hilft, ihn weiterzutragen von Geschlecht zu Geschlechtern. All das erwarte ich mit aller Bestimmtheit, weil ich weiß, daß [sic] der Film durch die einmalige Leistung seiner Schöpferin ein einzigartiges Dokument ist nicht nur des bisher größten Ereignisses, sondern weit darüber hinaus ein hohes Lied menschlicher Leibeskraft und Lebensbejahung." (ebd., S. 3)

Nach diesem Geleitspruch wird die, eine Seite umfassende, kurze Zusammenfassung beider Teile gegeben, worauf sich eine ausführliche Inhaltsvorstellung des ersten Filmteiles *Fest der Völker* anschließt (vgl., ebd., S. 3ff).

Der zweite Teil *Fest der Schönheit* wird im Anschluss vollständig vorgestellt (vgl. ebd., S. 15ff.), woran sich die Siegertafeln der einzelnen Disziplinen anschließen (vgl. ebd., S. 22ff.).

Zur Übersicht und dem besseren Verständnis wird auch an dieser Stelle kurz der Inhalt der Olympiafilme skizziert. Im ersten Teil *Fest der Völker* wird, der Chronologie der Spiele folgend, nach einem Prolog über die Geschichte der Spiele, der Fackellauf, der die Spiele eröffnet, gezeigt. Es schließen sich der erste Teil der unterschiedlichen olympischen Disziplinen an, wie u. a. Hochsprung, Hammer- und

Speerwerfen. Der zweite Teil Fest der Schönheit fährt nicht mit den sportlichen Disziplinen fort, sondern zeigt zunächst Aufnahmen des olympischen Dorfes, woran sich dann Disziplinen wie z. B. Segeln, Rudern oder das Turmspringen und die Schlussfeier der Spiele anschließen (vgl. ebd., S. 3).

Im zweiten Hauptteil des Begleitheftes gibt vor allem Leni Riefenstahl selbst Anmerkungen zu den Filmen (vgl. ebd., S. 27 ff.), wo sich der dritte Teil, nämlich eine Beschreibung der Vorbereitung der Olympischen Spiele selbst sowie der verschiedenen Sportstätten anschließt (vgl. ebd., S. 37 ff.). Teil vier ist eine Übersicht über die Leistungen der deutschen Sportler und Mannschaften (vgl. ebd., S. 48 ff.) mit anschließendem fünften Teil, welcher Anmerkungen zur Vorführung der Filme enthält (vgl. ebd., S. 52).

Darauf aufbauend folgt dann der im Rahmen dieser Untersuchung wichtigste Teil des Begleitheftes, der Abschnitt über den konkreten Unterrichtseinsatz (vgl. ebd., S. 53 ff.), welcher an späterer Stelle näher erläutert wird.

Das Heft wird mit einem Bilder- und Literaturverzeichnis sowie dem Abdruck von Noten und Text der Olympischen Hymne und einer Skizze des Reichssportfeldes abgeschlossen (vgl. ebd., S. 58 ff.).

3.2.2 Grundlegende Intentionen des Heftes

Die Regisseurin Leni Riefenstahl sagte kurz nach der Fertigstellung des Filmes:

> „Wenn der Film von den Olympischen Spielen erst jetzt seine Uraufführung findet, so sagt dies schon, daß [sic] er niemals als eine aktuelle Reportage der Spiele gedacht war. Diese Aufgabe ist in hervorragender Weise von den Wochenschauen erfüllt worden. Als ich den Auftrag erhielt, diesen Film zu machen, ist mir sofort klar geworden, daß [sic] ich über die realistischen Vorgänge hinaus die geistige Idee der Olympischen Spiele zum Ausdruck bringen müßte [sic], daß [sic] ich die inneren Kräfte gestalten müßte [sic], die erst den sportlichen Kämpfen ihre Größe und ihren Wert geben. Die ewige Sehnsucht im Menschen nach Vollkommenheit und Schönheit, der Kampf und die völkerverbindende olympische Idee waren die Hauptmotive, die ich in meiner Aufgabe sah. [....]

Eine Hymne auf die Kraft und Schönheit des Menschen soll er sein, eine Sicht-
barmachung des gesunden Geistes im gesunden Körper an den auserlesenen Er-
scheinungen der Jugend der Welt. Der Film will nicht die Olympiade noch einmal wiederholen, er will ihre Idee sichtbar machen, ihre Atmosphäre, mit allem
Sensationellen, Aufregendem und Mitreißenden, das große sportliche Leistungen so stark umgibt." (ebd., S. 27 ff.)

Diese Aussage der Regisseurin macht grundlegend klar, welche Absicht der Film
und damit auch das vorliegende Lehrerbegleitheft verfolgten. Als ein künstlerisches
und aus diesem Grunde nicht detailgetreues Abbild sollten der Film sowie das Heft
die Wirkung der Olympischen Spiele, vor allem im Sinne der nationalsozialistischen
Ideologie für den Zuschauer bzw. Leser erfahrbar machen.

3.2.3 Analyse des Teilabschnittes *Zum unterrichtlichen Gebrauche*

Anders als im Unterkapitel 3.1.3 zum Lehrerbegleitheft *Wolkenstürmer und Tag der
Freiheit!-Unsere Wehrmacht!* ist in dem vorliegenden Lehrerbegleitheft *Olympia* der
didaktische Teil mit der Überschrift *Zum unterrichtlichen Gebrauche* vorzufinden.
Er erstreckt sich über 6 Seiten und soll in den folgenden Unterkapiteln vorgestellt
und erläutert werden.

3.2.3.1 Aufbau

Das Unterkapitel beginnt mit der Erklärung des eigentlichen Sinnes des Unter-
richtseinsatzes der beiden Teile des Olympiafilmes. Es steht nicht die Analyse von
„Kultur- und Sportgeschichtliche[m]" (ebd., S. 53) im Fokus des Unterrichtes,
„vielmehr soll das Beispiel ausgenutzt werden" (ebd., S. 53). Bereits hier wird also
darauf verwiesen, dass vor allem Vergangenes keine besondere Rolle bei der Rezeption des Filmes spielt, sondern dieser für die Zukunft zu gebrauchen sei, eine Zukunft
im Sinne nationalsozialistischer Ideologie. Gemeint ist nicht das „Schulturnen allein"
(ebd., S. 53), vielmehr „wird in der Stadtrandsiedlung oder in der Schrebergartenko-
lonie oder bei Kleingärtnern [...] das Gartenfest, die Erntefeier [...] o. ä. nicht nur in
der bisherigen Form begangen; dann fügen sich vielmehr Wettläufe der Altersklas-

sen, ein Staffellauf o. ä. an. [....] Es kann sehr wohl eine Verbindung von Sport und praktischer Nachbarhilfe sein" (ebd., S. 53).

Angesprochen wird hier die Aufforderung, sich die Bilder und entsprechende Wirkungen als Beispiel zu nehmen und im besten Falle auch in der Freizeit mit der Familie, Freunden oder Nachbarn nachzuahmen und dadurch in ebenso ein Wettkampfverhalten zu verfallen, „weil die XI. Olympischen Spiele bewiesen haben, daß [sic] die Breitenwirkung nicht groß genug sein kann" (ebd., S. 53).

Zweitens wird der Lehrer darauf hingewiesen, dass nach Deutschland und Amerika die Länder „Ungarn mit 10 und Italien mit 8 Goldmedaillen an 3. und 4. Stelle lagen" (ebd., S. 53). Diese Tatsache sollte der Lehrer den Schülern näher bringen, in dem er es folgendermaßen begründete: „Beide kümmerten sich seit Jahren um Breitenwirkung und haben erreicht, daß [sic] auch sie immer wieder in die engere Wahl kamen" (ebd., S. 53). Mehr wird dazu nicht geschrieben.

Es folgt ein Aspekt, der sich wieder den Leistungen der deutschen Spieler zuwendet: „Es gehört weiter dazu, daß [sic] die turnerischen Leistungen richtig erkannt werden" (ebd., S. 53). Mit diesem Punkt wird eine bestimmte sportliche Disziplin angesprochen, weil in der Schule herausgestellt werden sollte, dass „die Riege des Turnvereins aus Vorturnern und Gefolgschaft besteht, weil der Vorturner als erster unter Gleichen alle zu fördern hat. Der Sport [...] sucht nicht die Mannschaftsleistungen, sondern die Höchstleistung [...] und vereinzelt den Bewerber" (ebd., S. 53). Der Lehrer hatte zusammengefasst die Aufgabe, den Sinn des Kämpfens im sportlichen Wettstreit zu erklären, indem er den Schülern vermittelte: „Wir wollen die lebendige Teilnahme an der Leibesübung, aber nicht »Rennplatzbetrieb«, der auf so vielen Sportplätzen nachgeahmt wird" (ebd., S. 54). Die Schüler sollten verstehen, dass es nicht auf die einfache Durchführung der Spiele und ihrer einzelnen Disziplinen ankam, sondern dass es von viel größerer Bedeutung war, dass die Spieler mit ganzem körperlichem und geistigem Einsatz an den Wettkampf herangingen: „Hier wie überall kommt die Spitzenleistung nur zustande, wenn die körperlichen Vorbedingungen vorhanden sind, wenn aber außerdem eiserner Wille eingesetzt wird [...] Dazu tritt, um der Übung willen, Verzicht auf Bequemlichkeit und Ausruhen und Einfügen in klare, scharfe Regeln. Schließlich ist nichts zu erreichen, wenn nicht zu allem Üben der Wille und die Charakterleistung treten, sich körperlich geeignet zu halten" (ebd., S. 54).

Der nächste Punkt ist eine direkte Aufforderung an die Lehrer: „Es gehört zu unseren vornehmsten Aufgaben, im Unterrichte die erzieherische Bedeutung der Olympischen Spiele herauszustellen, nicht wegen der Gold- und Silbermedaillen, sondern wegen der Erziehung zum Kämpfen um die olympischen Meisterschaften" (ebd., S. 54). Dieser Punkt macht deutlich, dass die Schüler verstehen sollten, dass einzelne Leistungen und Siege oder auch Niederlagen nicht dazu verleiten lassen sollten, den Glauben in die eigenen Fähigkeiten für den nächsten Wettbewerb aufzugeben. Zur Unterstreichung dieses Aspektes wird im Begleitheft folgende Situation während der Olympischen Spiele als Beispiel gegeben: „Beim Führer und dem Reichssportführer hat es sich in ihren täglichen Besuchen der Spiele nicht so sehr darum gehandelt, die Kämpfe in ihren Einzelheiten zu beobachten, sondern darum, festzustellen, wieweit die sportliche Erziehung unserer Jugend gediehen ist" (ebd., S. 54).

Der nächste didaktische Aspekt befasst sich mit dem Thema der Rassen. Dem Lehrer wird empfohlen, die Bilder, die aufgrund des internationalen Charakters der Spiele vorhanden sind, in ihrer Wirkung zu nutzen: „Die verschiedenen Formen, sich in den sportlichen Kämpfen zu geben, um den Sieg zu ringen, ihn zu feiern, oder enttäuscht zu sein, sind so bezeichnend herausgearbeitet, daß [sic] es ein großer Fehler wäre, diese Bilder nicht auszunutzen" (ebd., S. 55).

Auf diesem Beobachtungsauftrag aufbauend, wird eine Empfehlung für die „Sporterziehung im einzelnen" (ebd., S. 55) gegeben, nämlich „beobachten zu lassen, wo die Stärke der einzelnen Kämpfer liegt, ob der eine am Anfang, der andere in der Mitte oder kurz vor dem Ziele sich am meisten einsetzt" (ebd., S. 55). Die Schüler sollten also vor allem die Techniken der Sportler mit Hilfe des Filmes studieren, wobei als Beispiele der Hürdenlauf, das Kugelstoßen und viele andere Disziplinen besonders hervorgehoben wurden (vgl. ebd., S. 55).

„Eine besondere Folgerung wäre aus dem Film über den Unterricht hinaus zu ziehen, daß [sic] nämlich Gelegenheit dazu gegeben wird, die Leibesübungen noch ganz anders als heute zu pflegen. Neben den Spielplätzen der Schulen und den Sportplätzen der Städte und Stadtteile sollte es, vielleicht im Zusammenwirken mit HJ., SS., SA. Plätze geben, die dazu bestimmt sind, jedem Kinde Gelegenheit zu gewähren, daß [sic] es Schwierigkeiten überwinden lernt" (ebd., S. 55). Hier wird dem Lehrer und auch der Gesellschaft empfohlen, die Schüler mit Hilfe des Sports abzuhärten in alltäglichen Situationen, die sogar dafür geschaffen werden sollten. Ein Bezug zu Organisationen wie HJ, SS und SA wird hergestellt. „Da wären kleine und große Mauern zu übersteigen, Hecken und Gräben zu überspringen" (ebd., S. 55). Für diese Übungen sollten sogenannte „Jahres- und Altersziele ermittelt werden" (ebd., S. 55), so wie es in der Wehrmacht mit den „olympischen Rekorden" (ebd., S. 55) getan wurde. Ein Nachsatz für die Schule erfolgt: „Die Übertragung auf Schulverhältnisse wäre jedenfalls von besonderer Zukunftsbedeutung" (ebd., S. 55).

Daran anschließend erhält der Lehrer eine Empfehlung für Sekundärliteratur, mit deren Hilfe er die Schüler dazu veranlassen konnte, dass sie „den Sinn der Olympischen Spiele von 1936 richtig [...] fassen und auswerten" (ebd., S. 55) können. Dabei handelt es sich um das Buch „»Wir haben gesiegt«" (ebd., S. 55) von Karl Diem, welches über „die Geschichte des ersten Marathonlaufes erzählt" (ebd., S. 55). Ein weiteres Unterrichtsmaterial, welches neben dem Olympiafilm eingesetzt werden sollte, waren sogenannte „Raumbilder" (ebd., S. 56), welche vom „Reichsbildberichterstatter Professor Hoffmann [...] [für] eine besonders glückliche Beobachtungsgelegenheit" über sämtliches Geschehen und somit auch aller Eindrücke der Olympischen Spiele (ebd., S. 56) hergestellt wurden.

Da in diesen Raumbildern wie im Olympiafilm auch Parteigrößen und ausländische Gäste gezeigt werden, folgt daraus der nächste didaktische Punkt: „Vier Persönlichkeiten können und müssen überall herausgearbeitet werden und zwar wegen ihrer besonderen charakterlichen Leistungen: der Leutnant von Wangenheim, der polnische Rittmeister Kawecki, der Leutnant Lemp und der Läufer Dompert" (ebd., S. 56). Alle von ihnen sind hauptsächlich herauszustellen, weil sie während der Spiele siegen oder nach Unfällen nicht ausschieden, sondern sich wieder weit nach vorne kämpfen konnten, obwohl sie verletzt waren (vgl. ebd., S. 56 f.).

„Außerdem lohnt sich, wenigstens in oberen Klassen eine Besprechung darüber, ob die Olympia-Filme Kunstwerke sind oder nicht" (ebd., S. 57). Es wird außerdem darauf verwiesen, dass seitens der Schüler der Einwand kommen könne, dass die Filme keinen dokumentarischen Charakter hätten. Der Lehrer solle dann darauf verweisen, dass das für die Wirkung des Filmes nicht notwendig sei und er gerade aus diesem Grund als künstlerisch zu betrachten sei. Es wird also eine Diskussion unter den Schülern zu ästhetischen Gesichtspunkten des Films angestrebt (vgl. ebd., S. 57).

Weiterhin wird für die „politische Erziehung" (ebd., S. 57) empfohlen, die Beziehung zu den Ländern Österreich und Frankreich zu thematisieren, indem „auf den Empfang der Österreicher und der Franzosen beim Aufmarsche im Stadion besonders aufmerksam gemacht wird. Handelte es sich bei dem Gruße an die Österreicher um den Ausdruck einer brennenden Hoffnung gegenüber deutschen Volksgenossen, so ging es bei dem besonderen Jubel, mit dem die 238 Franzosen begrüßt wurden, um ein Bekenntnis dazu, daß [sic] Deutschland den Frieden mit seinen Nachbarn herbeiwünscht" (ebd., S. 57).

Abschließend wird der Führer Adolf Hitler aufgegriffen: „Schließlich wird es unsere Aufgabe sein, die Zeugnisse dafür festzuhalten und zu vertiefen, wie groß der Beitrag des Reiches und vor allem des Führers dafür gewesen ist, eine kulturelle Leistung von besonderem Ausmaße zu schaffen" (ebd., S. 58). Es werden Auszüge eines Gespräches zwischen Hitler und dem Präsidenten des Internationalen Olympischen Komitees vorgestellt, in denen Hitler für die Ausrichtung der Spiele sowie deren Vorbereitung gedankt wird (vgl. ebd., S. 58). Der didaktische Teil und somit auch das Lehrerbegleitheft enden mit den zitierten Worten Hitlers: „»Ich habe mich nun entschlossen, zur bleibenden Erinnerung an die Feier der XI. Olympiade 1936 zu Berlin die im Jahre 1875 begonnenen Ausgrabungen der Olympischen Fest- und Sportstätten wieder aufzunehmen und zu Ende zu führen [....] Ich hoffe, daß [sic] dies mithilft, für alle Zeiten die Erinnerung wachzuhalten an die Feier der Olympischen Spiele des Jahres 1936. Daß [sic] diese glücklich gelingen, ist mein und unser aller aufrichtiger Wunsch«" (ebd., S. 58.).

3.2.3.2 Didaktische Bewertung

Wenn in der Schule die Olympischen Spiele im Unterricht behandelt werden, kann, wie es zu Beginn des Kapitels *Zum unterrichtlichen Gebrauche* gefordert wird, eigentlich nicht auf die geschichtliche Bedeutung für Kultur und Sport verzichtet werden. Vor dem Hintergrund der nationalsozialistischen Herrschaft und deren

Ideologie ist es jedoch nicht überraschend, dass der Film über die Olympischen Spiele mit Blick auf die Zukunft des Dritten Reiches ausgewertet werden sollte.

Der nächste Punkt gilt nicht speziell dem Unterricht, sondern eher im Allgemeinen, wenn gesagt wird, dass der Wettkampfgedanke auch auf das Privatleben übertragen werden soll. Didaktisch daher eher ungünstig, weil es schlecht realisierbar sowie auch nicht überprüfbar scheint.

Die Erklärung für den dritten und vierten Platz in der Gesamtwertung der Spiele durch Ungarn und Italien, dass sie es aufgrund eines langen Trainings erreicht hätten, wird von den Schülern als Ansporn verstanden werden und zeigt ihnen, dass Training sich durchaus positiv auf ihre Leistungen ausübt, auch wenn es nicht automatisch heißt, dass man gewinnen wird.

Der Aspekt der Würdigung des Turnens der Deutschen zeigt zum einen, dass die Leistung der Deutschen im Unterricht der nationalsozialistischen Herrschaft in der Bewertung der Olympischen Spiele von 1936 einen besonderen Stellenwert einnehmen sollte. Zum anderen wird hier indirekt der in der Formationserziehung bereits angesprochene Begriff des sogenannten Unterführers aufgegriffen. So wie bei den Olympischen Spielen ein Vorturner seine Gefolgschaft hatte, gab es in der Hitler-Jugend für jede Einheit Unterführer, die nicht sehr viel älter, als die ihnen unterstellten sein sollten. Die Schüler haben somit die Gelegenheit, sich an diese Art der Erziehung zu gewöhnen, wenn ihnen der Erfolgsgewinn dieses Systems vor Augen geführt wird.

Darüber hinaus wird, auch im Sinne der nationalsozialistischen Erziehungsideale, immer wieder die körperliche Voraussetzung angesprochen, welche die Teilnehmer für die Spiele und einen Erfolg in den Wettkämpfen brauchten. Die Lehrer sollen dies nutzen, um den Schülern zu verdeutlichen, dass ein durch ständige Übungen trainierter Körper eine Garantier für Erfolge sein kann und somit Leibesübungen automatisch zur Pflicht werden müssen.

Immer wieder wird auf das große Ganze, also das durch die Nationalsozialisten angestrebte ewige Bestehen ihres Reiches, verwiesen. Es wird bei den Schülern das Denken dahingehend beeinflusst, dass sie verinnerlichen, sich nicht auf einem errungenen Sieg auszuruhen, besser gesagt, diesen nur im Kontext des Erfolges des gesamten Reiches zu verstehen. Dazu wird der Führer Adolf Hitler herangezogen, indem er als Beobachter bei den Olympischen Spielen hervorgehoben wird. Die Schüler sollen dementsprechend alle positiven Leistungen ihrerseits mit der Anerkennung des Führers assoziieren, wie bei den erfolgreichen Sportlern im Olympiafilm gezeigt.

Die Unterscheidung zwischen den Rassen, also auch die feindliche Gesinnung nichtarischen Teilnehmern sowie Teilnehmern mit schwarzer Hautfarbe gegenüber, schlägt sich laut Angaben des Begleitheftes in der Unterscheidbarkeit des Verhaltens der Sportler ihrer Rasse entsprechend nieder, für welches die Schüler einen Beobachtungsauftrag erhalten. Vollkommen unbewiesen, dass diese Assoziation Richtigkeit beansprucht, wird im Heft außerdem nicht näher darauf eingegangen, wie genau die Schüler dabei vorgehen sollen. Es wirkt eher, als ob es für sie selbstverständlich sein sollte, was dann wiederum die Wichtigkeit einer Erläuterung der methodischen Umsetzung vernachlässigen lassen würde.

Sporttechnisch ist es auch aus heutiger Sicht sicher sinnvoll, Techniken anderer Sportler anhand des Films zu studieren und entsprechend der eigenen Fähigkeiten nachzuahmen. Für die Nationalsozialisten gab es jedoch keine Einschränkungen, denn die Techniken und Rekorde erfolgreicher Sportler galten als Zielvorstellung für alle Schüler. Es sollen laut Begleitheft auch die HJ, SS und SA miteinbezogen werden, indem mit ihrer Hilfe u. a. Spielplätze und Sportstätten zu automatischen Trainingsplätzen für die Leibeserziehung werden sollten, was im Sinne der kindlichen Entwicklung eher als ungünstig zu bewerten ist. Zum einen sollte ein Kind Raum für die Freizeit haben und zum anderen sind für z. B. die Überwindung von Gräben oder sonstiges dieser Art, vielleicht nicht alle Kinder bzw. Jugendlichen körperlich ausreichend entwickelt.

Der Einsatz von weiterem Unterrichtsmaterial neben dem Olympiafilm, also das angesprochene Buch von Karl Diem sowie die Raumbilder, sind aus didaktischer Sicht sicher hilfreich, jedoch kann an dieser Stelle keine weitere Einschätzung vorgenommen werden, da keine Beispiele, Auszüge oder weitere methodische Erläuterungen aufgezeigt werden.

Das Herausarbeiten der vier genannten Personen aufgrund ihrer Leistungen trotz Verletzungen unterstreicht erneut die Vermittlung des Kampfgeistes, den ein Sportler zum Sieg braucht. Dieser wird für die Schüler erfahrbar gemacht, allerdings werden auch hier keine näheren Erläuterungen zum methodischen Vorgehen gegeben.

Wie in Heft 4 Wolkenstürmer und Tag der Freiheit!-Unsere Wehrmacht! empfohlen, wird auch hier der Rat gegeben, den künstlerischen Aspekt der Filme zu thematisieren. Zwar bereits nur für die oberen Jahrgänge ausgewiesen, scheint diese Aufgabe sehr anspruchsvoll zu sein, vor allem da auch hier keine genauere Herangehensweise empfohlen wird.

Aus Sicht der stilistischen Gesamtkonzeption des Heftes, sind sowohl für Lehrer, als auch Schüler die abschließenden Worte des Führers Adolf Hitler nicht ohne Hintergedanken gewählt worden. Die Formulierung „mein und unser aller aufrichtigster Wunsch" (ebd., S. 58) war vermutlich für die Lehrer zum Ansporn oder sogar als eine Art Befehl gedacht, die vorherigen Empfehlungen in Verbindung mit dem Olympiafilm auch wirklich umzusetzen.

3.2.4 Zusammenfassung

Das Lehrerbegleitheft *Olympia* beschäftigt sich mit der didaktischen Aufarbeitung des gleichnamigen Filmes. Dem Zuschauer werden in diesem die Ergebnisse der Spiele sowie gleichzeitig eine künstlerische Zusammenfassung der einzelnen Disziplinen nähergebracht. Es wird dem Lehrer zu Zeit der nationalsozialistischen Herrschaft eine Empfehlung für den Unterrichtseinsatz im Sinne der nationalsozialistischen Ideologie gegeben. Die didaktischen Anmerkungen werden auch hier vom Verfasser sehr kurz gehalten, wurden jedoch im vorangegangenen Unterkapitel analytisch betrachtet.

Für die spätere Untersuchung der Funktion des Heftes für die nationalsozialistische Formationserziehung wird dann das gesamte Heft in den Fokus der Betrachtung gerückt.

3.3 Bezug der Einzelanalysen zur Formationserziehung des nationalsozialistischen Staates

3.3.1 Kriterien für die Bezugnahme

In Anlehnung an das Unterkapitel 2.1.2 und die dort verwendeten Quellen sind folgende Kriterien für die Bezugnahme der ausgewählten Lehrerbegleithefte zur Formationserziehung entstanden, die in folgende drei Elemente eingeteilt werden: ideologische Schulung, gemeinschaftsbildende Mittel sowie geistige und körperliche Formung.

Ideologische Schulung	
Kriterien	Beispiele
Schulungen der HJ (unabhängig von der Schule)	Führer und Gefolgschaft; Nation und Sozialismus; Blut und Boden; Kampf gegen Versailles und Weimar; Germanische Götter und Helden
Führer als oberste Instanz	Führerbefehl; Ehrung durch Führer
Beeinflussung von Meinungen, Empfindungen und Einstellungen im Sinne nationalsozialistischer Propaganda	Weltanschauliche Schulung ⇒ auf Heimabenden, im Lager, auf Fahrten: völkische Weltanschauung gelehrt (*Mannschaftsschulung*) ⇒ Prägung der Form des Erlebens und somit des Bewusstseins Charakterliche Schulung
Stärkung der Gefolgstreue / Erzeugung von Feindbildern	Stärkung der Kräfte des Glaubens, Instinkts, Gemüts sowie der rassischen Urteilskraft

Gemeinschaftsbildende Mittel	
Kriterien	Beispiele
Einbindung in sämtliche Kampfeinheiten	Marine-HJ; Motor-HJ; Fliegereinheiten; Nachrichten-HJ
Leitspruch *Jugend soll von Jugend geführt werden.*	HJ-Einheiten jeweils Einheitsführer/innen, die kaum älter waren, als die ihnen Unterstellten (Begriff *Unterführer*)
Verstaatlichung	Marsch in der Kolonne; Erleben und Erziehung im Lager (Parteijugend wurde Staatsjugend)

Geistige und körperliche Formung	
Kriterien	Beispiele
Rituale	Deutscher Gruß; Flaggenehrung; Feiern etc.
Symbole	▪ Symbole der Bewegung: Hakenkreuzfahnen etc. ▪ Symbolwörter: Blut; Boden; Reich
Musische Formung	Soldatenlieder; Nationalhymne, Rhythmus etc.
Physische Übungen	Exerzieren; Marschübungen; Wehrsport; etc.
Willenserziehung	Einübung von Gewohnheiten → Garantie für späteres sittliches Verhalten sowie moralisches Urteilen im nationalsozialistischen Sinne (schlechte Erfahrungen werden vermieden zugunsten von ästhetisch sittlichen, welche dann zur Nachahmung anregen sollen) Prägung der Form des Erlebens und dadurch Prägung der Form des Bewusstseins
Erziehung zur Bereitschaft für Führer, Staat und Gemeinschaft das eigene Leben opfern	Hilfs- und Opferbereitschaft im Kampf an der Front

3.3.2 *Wolkenstürmer und Tag der Freiheit!-Unsere Wehrmacht!* – Filmarbeit und Formationserziehung

Es wird in den beiden folgenden Unterkapiteln untersucht, ob die vorangehend erwähnten Elemente der Formationserziehung in den Lehrerbegleitheften vorzufinden sind oder nicht und auf welche Art und Weise sie dort umgesetzt werden. Dafür werden den entsprechenden Elementen Textstellen aus dem Lehrerbegleitheft analytisch zugeordnet.

Die ideologische Schulung ist zum ersten durch das Merkmal des Führers als oberste Instanz und Befehlshaber vertreten. Dies äußert sich in folgenden Textstellen des Lehrerbegleitheftes:

> „Zwei Offiziere […] unterhalten sich […] und stellen fest, daß [sic] Riker ohne seinen Führer längst verloren wäre" (Günther, 1937, S. 21).

> „Riker verabschiedet sich besonders von seinem alten Führer und kann sich nur schwer trennen, bis der endlich langsam davonfährt (ebd., S. 23).

Dass Befehle durch den Führer, genauso wie Befehle eines unmittelbar Vorgesetzten uneingeschränkt zu befolgen und ansonsten zur Bestrafung führen, wird an folgenden Textstellen deutlich gemacht:

Als Riker entgegen eines Befehles doch seinen Posten verlässt in die Stadt fährt und zu spät zum Schiff zurückkehrt: „Er versucht sehr ungeschickt, sich herauszureden, [damit] macht er seine Lage nur noch schlimmer" (ebd., S. 25).

Nelson, mit dem Riker sich zuvor gestritten hat, soll sein Nachfolger werden: „Der weigert sich zunächst, ihn abzulösen, führt aber den Befehl dazu natürlich aus" (ebd., S. 25).

Dazu gehört ebenfalls die Anerkennung, die eine Ausführung von Befehlen in besonderer Weise nach sich ziehen. Folgende Textstellen verdeutlichen dies:

Vorgesetzte „rühmen Nelson als sehr guten Mechaniker. Riker wird als Prachtkerl, als ausgezeichneter Mechaniker und Schütze gerühmt, sei aber zu grob und zu rauh [sic]" (ebd., S. 21).

„Riker ist seit langem wieder einmal zufrieden, weil er sich im Dienste anerkannt sieht" (ebd., S. 25).

Ebenso zählt dazu auch die Anerkennung von Vorgesetzten durch Denunzierung anderer Soldaten, wenn diese nicht ihre Pflicht erfüllen, wie an folgender Textstelle belegt werden kann:

Der Staffelführer ist wütend, nachdem Riker das Signalbuch nicht sofort findet. Es kommt zur Denunzierung Rikers bei seinem Vorgesetzten: „Ein Kamerad sorgt für Meldung zum Rapport, damit ihm die Hölle heiß gemacht werde" (ebd., S. 24).

Auch zur ideologischen Schulung können im Lehrerbegleitheft Belege für die sogenannte charakterliche Schulung gefunden werden, welche u. a. durch Härte gegen sich selbst, die Ausbildung von Selbstbewusstsein sowie die Erziehung zur Gewalt gekennzeichnet ist:

„Windy Riker entschuldigt sich, seine Kamera habe geklemmt. Steve Nelson meint mit leisem Spotte und mit erheblichem Selbstbewußtsein [sic]: »Meine nicht«" (ebd., S. 20).

„Nelson ulkt Riker an, er solle seine Augen untersuchen lassen, damit sie besser werden, überreicht ihm spottend eine ausgestopfte Möwe und kitzelt Riker mit bitterem Hohne: »Wenn wir gegen Möwen ins Feld ziehen, bekommst Du eine Medaille.« Voller Wut erfasst Riker die Möwe, um ihr den Hals abzudrehen, Nelson geht lachend davon" (ebd., S. 20f.).

„Der alte Junggeselle Riker, der gern heiratete, wenn es der Dienst nur zuließe, hilft im Kreise seiner Kameraden, so viel er kann. Er verbirgt allerdings alle Regungen des Herzens hinter besonderer Grobheit und möchte sich bei Äußerungen der Weichheit nicht betreffen lassen. Es scheint ihm, das gehöre nicht in seine Dienstauffassung hinein" (ebd., S. 21).

„Riker reißt sich zusammen, nimmt endlich militärische Haltung an und verschwindet kopfschüttelnd und betroffen" (ebd., S. 21).

„Als Mannschaften in die Nähe kommen und sich über ihren »Chief«, der sich Tränen trocknet, heftig wundern, reißt sich Riker sofort zusammen, fragt grimmig: »Wen glotzt ihr an?« du stapft verbissen in seine Koje" (ebd., S. 23).

Nach dem Absturz der drei Männer, will Riker den Piloten bergen und Nelson soll ihm dabei helfen: „Nelson soll helfen, ihn an die Maschine zu tragen, und wird angeschnauzt, als er nicht sofort aufsteht: »Komm schon! Sei nicht so schlapp!«" (ebd., S. 26).

Ein weiteres wichtiges Mittel der charakterlichen Schulung ist die Erziehung zu Nationalstolz, wie folgendermaßen belegt werden kann:

> „Riker gibt dem allgemeinen Stolze Ausdruck, als er sich zu seinem neuen Pilo-
> ten ebenso äußert, wie er das früher tun durfte: »Wir können heute auf unsere
> Arbeit stolz sein« (ebd., S. 24).

Weiter ein Merkmal der ideologischen Schulung ist die Stärkung der Gefolgstreue sowie der Treue unter den Kameraden, zu der folgende Textstellen zu zählen sind:

Als Rikers Pilot einen Unfall hat: „Riker springt auf den Lazarettwagen mit auf, verteidigt wütend seinen Platz und fährt zum Operationssaale mit. Da er nicht eingelassen wird, treiben ihn Unruhe und Sorge vor den Fenstern hin und her" (ebd., S. 23).

Als Riker dann weiß, das sein Staffelführer den Arm verlieren wird: „Riker ist es schmerzlich klar, was das für ihn bedeuten muß [sic]. Der einzige unter den Offizieren, der ihn gehalten hat, muß [sic] aus dem Dienste ausscheiden. Menschlich und dienstlich bedeutet das für ihn ganz neue und schwierige Verhältnisse, zumal der Alte sich nur schwer in die Veränderung wird schicken können" (ebd., S. 23).

Das nächste gebildete Element ist unter dem Begriff Gemeinschaftsbildende Mittel zusammengefasst. Der dazu gehörende Leitspruch *Jugend soll von Jugend geführt werden* kann am Text im übertragenen Sinne folgendermaßen belegt werden:

> „Wenn auch die Art der militärischen Aufführung das Verhältnis der Unteroffi-
> ziere zu Offizieren und Mannschaften uns zunächst ungewohnt erscheint, wenn
> uns die Straffheit zu fehlen scheint, die für uns einen so wesentlichen Teil der
> Erziehung ausmacht, so wäre es doch falsch, zu schließen, daß [sic] der militäri-
> sche Wert geringer wäre, und uns überheblich machen dürfte. Wir können nur
> den Schluß [sic] ziehen, daß [sic] wir an uns gründlich zu arbeiten haben, um
> jeder fremden Art der Erziehung militärischen Nachwuchses zu charaktervollen
> Menschen ganz gewachsen zu sein." (ebd., S. 4)

Das dritte Element, die körperliche und geistige Formung, enthält die Unterpunkte der Rituale und Symbole, die im Begleitheft durch folgende Beispiele vertreten sind:

An einem neuen Tag wird geschildert: „Der Hornist bläst die Flaggenparade. Riker teilt die Mannschaften zum Tagesdienste ein" (ebd., S. 21).

Bei der Verabschiedung des Staffelführers:

> „Offiziere, Unteroffiziere und Mannschaften sind zum Abschiedsappell angetreten. Zum letzten Male steht Griffin vor seiner Staffel. Betont geschäftsmäßig liest er den Erlaß [sic] vor, den der Admiralstab der Marine ihm gesandt hat, durch den er als Staffelführer abgelöst und mit dem sein Nachfolger eingesetzt wird. Offiziere und Unteroffiziere übergeben ihm Erinnerungsgeschenke. Riker überbringt als ältester Unteroffizier ein Trinkgeschirr. Der Skipper dankt seiner Staffel, besonders denen, die seit Jahren mit ihm zusammengearbeitet haben, noch einmal für alle Treue." (ebd., S. 23)

> „Das gesamte Unteroffizierskorps steht betreten um ihn herum und nimmt von dem ältesten Kameraden Abschied" (ebd., S. 25).

Symbole des Krieges und somit der Stärke werden folgendermaßen verdeutlicht:

Die Flieger erreichen den Flugzeugträger: „Tief unten hebt sich das Schiff heraus. Mit Winkzeichen wird jeder Maschine angezeigt, wie und wo sie landen muss. Ein Blick von oben zeigt, wie eng die Flugzeuge aufeinander geschoben sind, bis schließlich die ganze Plattform bedeckt ist [....] Die Flugzeuge sind mit Fahrstühlen versenkt worden, so daß [sic] sie von oben unsichtbar geworden sind" (ebd., S. 23).

Nachdem Riker sich geopfert hat, wird ihm zu Ehren folgendes Ritual durchgeführt:

> „Drei Salven und der Präsentiergriff schließen die Trauerfeier. Ehrensalve und Hornsignal beenden den Film. Windy Riker hat seine Treue bis in den Tod bewährt" (ebd., S. 27).

Ein weiteres Merkmal des Elementes der körperlichen und geistigen Formung ist die sogenannte Willenserziehung. Durch eine Prägung der Form des Erlebens wird eine Prägung der Form des Bewusstseins erreicht. Folgende Textstellen konnten dazu im Lehrerbegleitheft gefunden werden:

„Wir schulden unserer Jugend ihr rechtzeitig unseren eigenen Wehrwillen ein-zupflanzen, unsere eigenen Bemühungen in Beziehung zu dem zu setzen, was um uns herum aufgebaut wird, und sie zum klaren Bewußtsein [sic] dessen zu bringen, daß [sic] sie einmal alles das wird halten, ausbauen und vielleicht ver-teidigen müssen, was jetzt endlich nach Jahrzehnten des Hoffens bei uns neu begonnen werden konnte." (ebd., S. 3)

„[...] tut künftigen Urteilen gut und nützt deren Schärfe und Klarheit, wenn rechtzeitig begründete Hochachtung vor der Leistung anderer anerzogen wird" (ebd., S. 4).

Darüber hinaus zählt die Erziehung zur Opferbereitschaft, wie im Begleitheft folgen-dermaßen zu finden:

Als sich eine Bombe nicht vom Flieger löst: „Nelson beugt sich über Bord und versucht die Bombe zu heben, erreicht sie unter Lebensgefahr im letzten Augenbli-cke und hält sie fest, so daß der Flug ohne Gefahr beendet wird" (ebd., S. 22).

Als Riker die Idee hat die beiden Verletzten aus der Gefahrensituation herauszuflie-gen: „Nelson bedankt sich bei ihm durch freundschaftlichen Händedruck für das Opfer" (ebd., S. 27).

Als Riker schließlich sein Leben opfert, um die Maschine zu landen und die anderen zu retten: „Die gesamte Besatzung steht in Parade angetreten. Der Schiffsgeistliche gedenkt seiner Tat, rühmt Treue und Kameradschaft und widmet ihm ein letztes Gebet. Drei Salven und der Präsentiergriff schließen die Trauerfeier. Ehrensalve und Hornsignal beenden den Film. Windy Riker hat seine Treue bis in den Tod bewährt" (ebd., S. 27).

3.3.3 *Olympia* – Filmarbeit und Formationserziehung

Wie im vorherigen Unterkapitel 3.3.2 wird nun eine Untersuchung des Lehrerbe-gleitheftes Olympia mit Hilfe der selbsterstellten Elemente der Formationserziehung durchgeführt.

Zum Element ideologische Schulung gehörend, wird auch im Lehrerbegleitheft Olympia der Führer Adolf Hitler als oberste Instanz des Staates aufgezeigt. Dies geschieht in folgenden Textstellen:

> „Die Kamera lenkt den Blick auf die Olympiagäste im Stadion und zeigt die gespannte Erwartung des Führers" (Günther, 1938, S. 4).

> „Das Ergebnis macht in der Führerloge besondere Freude, und es kommt immer wieder deutlich zum Bewußtsein [sic], daß [sic] der Führer und seine Mitarbeiter nicht »repräsentieren«, sondern innerlich an diesen Kämpfen und ihrem Ausgange voll beteiligt sind" (ebd., S. 7).

> „Der Führer und der Reichssportführer nehmen an den Kämpfen im Segeln teil" (ebd., S. 15).

Generell waren die Olympischen Spiele von 1936 vor allem organisatorisch auf Hitler ausgerichtet. Im Begleitheft wird das Programm eines Tages der Spiele auszugsweise abgedruckt. Es zeigt deren minutiöse Planung, wenn aufgeführt ist:

> „16.00 Uhr: Der Führer betritt das Stadion. Sobald der Führer an die Treppe des Marathon-Tores kommt, wird das Spiel der Fanfaren abgebrochen. Das große Orchester spielt den Huldigungsmarsch von Richard Wagner, bis der Führer seine Loge betreten hat.

> 16.05 Uhr: Der Führer betritt seine Loge. Nachdem der Führer auf seinem Platz angekommen ist, spielt die Musik das Deutschland und Horst-Wessel-Lied, je eine Strophe." (ebd., S. 47)

Darauf aufbauend wird dem Leser verdeutlicht, dass auch im Kontext der Olympischen Spiele, Deutschland über allen anderen Ländern stehen soll: „Aber Deutschland ist stärker – Deutschland siegt!" (ebd., S. 18).

Die ebenfalls zur ideologischen Schulung zählende weltanschauliche Schulung ist auch im *Olympia*-Heft vorzufinden. Der Leitsatz *Prägung der Form des Erlebens und somit Prägung der Form des Bewusstseins* wird hier dadurch nähergebracht, indem auf die Wichtigkeit des Erlebens in der großen Masse und dessen Umsetzung im Film hingewiesen wird:

> „Besonders bei diesem Teile ist die Beobachtung der Zuschauer gelungen, im Ton wie in den Bildern. Größte Aufregung, wie hohe Begeisterung werden so hergestellt,

daß [sic] sich der Filmbetrachter unmittelbar dazwischen zu finden meint"
(ebd., S. 17).

Die Charaktererziehung ist durch folgende Textstellen vertreten:

„Verbissen und zähe und jagend, alles zusammenreißend an Kräften jetzt durchs
Ziel" (ebd., S. 19). Die Jugendlichen sollten vermittelt bekommen, wie wichtig es für
sie ist, an sich zu glauben und immer nur das Beste anzustreben.

Der Nationalstolz, den jeder Jugendliche verinnerlichen und sich dementsprechend
verhalten sollte, kommt durch diese Textstelle zum Ausdruck:

> „Jeder, der einmal an den Spielen teilgenommen hat, wird wissen, daß [sic]
> Olympische Spiele ein gewaltiges Erleben des Nationalstolzes mit sich bringen.
> Im alten Griechenland stritten die Kämpfer für ihre Heimatstadt, die den Ruhm
> hatte, wenn einer der ihren siegte: heute kämpft nicht der Einzelne für sich, heu-
> te kämpft er die Farben seines Volkes. Nirgend im friedlichen Leben der Völker
> kann lebensfrohe Jugend so beweisen, zu welchem Stamm sie gehört, wie hier."
> (ebd., S. 40)

Darauf aufbauend ist auch die Erziehung zum Rassebewusstsein vertreten:

> „Das ist der stärkste Mann der Engländer, das ist Brown, das ist der Welt
> schnellster weißer 400 m Mann" (ebd., S. 14).

> „Die Körperschule der Frauen geht von der Einzelgestalt bis zur Reihe, zeigt
> vor wundervoll gewähltem Hintergrunde Einzelheiten, bringt dann Keulen-
> schwingen, Übergang zum Waffenüben, geht zur Körperschule auf dem Maifel-
> de und fängt den Schatten ein, der über die weißen Reihen läuft" (ebd. S. 15).

Das zweite Element, welches die gemeinschaftsbildenden Mittel umfasst, ist im
Lehrerbegleitheft Olympia nicht vorzufinden.

Das dritte Element, dessen Kriterien unter der Bezeichnung körperliche und geistige
Formung zusammengefasst sind, sind vor allem durch Symbole, Rituale sowie die
Leibeserziehung verdeutlicht.

Ein Symbol der Bewegung sind „Fanfaren" (ebd., S. 5), welche bei der Umsetzung von nationalsozialistischen Ritualen dienen: „Fanfaren begrüßen die Olympische Flagge. Geschütze feuern den Ehrengruß, 20000 Brieftauben flattern auf und tragen die Botschaft von der Eröffnung in alle Welt" (ebd., S. 5). Ein anderes Symbol sind „Flaggen" (ebd., S. 15): „Im Olympia-Hafen an der Kieler Bucht wehen die Flaggen aller mitkämpfenden Nationen" (ebd., S. 15).

Zur musischen Formung trägt die oft erwähnte und sowohl als Text, als auch in Notenform abgedruckte Olympische Hymne bei (vgl. ebd., S. 58 ff.).

Aufgrund des sportlichen Charakters der Olympischen Spiele ist die Leibeserziehung von großer Bedeutung:

Nach der Eröffnung der Spiele und dem Beginn einiger Wettkämpfe wird gesagt:

> „Der Film holt währenddessen den Gesichtsausdruck, die Körperbewegungen, den persönlichen Stil jedes Einzelnen heraus [....] Durch halbe Zeitlupe, also durch verhältnismäßig geringe Verlangsamung, wird es möglich, den Bewegungen gut zu folgen, den Kampf um die beste Haltung, ums Gleichgewicht zu beobachten" (ebd., S. 5).

Speziell zum Hammerwerfen ist hervorgehoben:

> „Wieder holt die Kamera die Technik, die Beinarbeit, das Immerschnellerwerden [sic], das Nachschauen heraus, zeigt dann enttäuschte Gesichter" (ebd., S. 6).

Weitere Beispiele sind:

> „[D]ie Muskelpakete von Owens werden gezeigt" (ebd., S. 7).

> „Der beste der Welt will er sein, der Athlet der Athleten!" (ebd., S. 20).

3.4 Zusammenfassung der Untersuchung

Im Vorfeld der Untersuchung der beiden Lehrerbegleithefte kam es zunächst darauf an, die Merkmale der Formationserziehung zusammenzutragen und in drei Hauptelemente zu gliedern, die ideologische Schulung, gemeinschaftsbildende Mittel sowie die körperliche und geistige Formung. Die konkrete Analyse, welche Kriterien in den beiden Begleitheften vorzufinden sind, kam zusammenfassend zu folgenden Ergebnissen:

Im zuerst untersuchten Lehrerbegleitheft *Wolkenstürmer und Tag der Freiheit!- Unsere Wehrmacht!* sind alle drei Elemente der Formationserziehung stellvertretend durch verschiedene Textstellen indirekt vertreten. Für das zweite Untersuchungsmaterial, das Begleitheft *Olympia* gilt dies nicht, hier fehlen Belege zu den gemeinschaftsbildenden Mitteln.

Die ideologische Schulung umfasst die Kriterien Schulungen der Hitler-Jugend; Beeinflussungen von Meinungen, Empfindungen und Einstellungen im Sinne nationalsozialistischer Propaganda sowie Stärkung der Gefolgstreue bzw. Erzeugung von Feindbildern.

In den beiden Begleitheften werden für dieses Element Aussagen getroffen, die indirekt folgende Punkte vermitteln:

Ideologische Schulung	
Wolkenstürmer/ **Tag der Freiheit!-Unsere Wehrmacht!**	**Olympia**
Führer als oberste Instanz	Führer als oberste Instanz
absoluter Gehorsam dem Führerbefehl bzw. Anweisungen eines Vorgesetzten gegenüber	Deutschland als Zentrum der Welt
Anerkennung nach Ausführen eines Befehls in besonderer Weise bzw. Anerkennung durch Denunzierung von Fehlverhalten eines Kameraden	Weltanschauliche Schulung
Charakterliche Schulung: Härte gegen sich selbst; Ausbildung von Selbstbewusstsein; Erziehung zur Gewalt; Erziehung zu Nationalstolz; Stärkung der Gefolgstreue/Treue unter den Kameraden	Charakterliche Schulung: Härte gegen sich selbst; Ausbildung von Selbstbewusstsein; Erziehung zur Gewalt; Erziehung zu Nationalstolz; Stärkung der Gefolgstreue/Treue unter den Kameraden
	Erziehung zum Rassebewusstsein

Das zweite Element, die gemeinschaftsbildenden Mittel, umfasst die Kriterien Einbindung in sämtliche Kampfeinheiten; den Leitspruch *Jugend soll von Jugend geführt werden* sowie die Verstaatlichung der Jugend.

Im Heft *Wolkenstürmer und Tag der Freiheit!-Unsere Wehrmacht!* werden für dieses Element lediglich Aussagen zum Kriterium Jugend soll von Jugend geführt werden getroffen und wie bereits erwähnt, ist es im Begleitheft Olympia nicht vertreten.

Das dritte Element, die körperliche und geistige Formung, umfasst die Kriterien Rituale, Symbole, musische Formung, physische Übung sowie die Willenserziehung und die Opferbereitschaft.

In den beiden Begleitheften werden für dieses Element Aussagen getroffen, die indirekt folgende Punkten betreffen:

Körperliche und Geistige Formung	
Wolkenstürmer/ **Tag der Freiheit!-Unsere Wehrmacht!**	**Olympia**
Rituale	Rituale
Symbole	Symbole
Willenserziehung	Leibeserziehung
Opferbereitschaft	Musische Formung

4 Fazit

Die hier vorliegende Studie beschäftigte sich mit dem Thema „Der Film als Mittel der nationalsozialistischen Formationserziehung – Untersuchung zum Unterrichtseinsatz ausgewählter Werke Leni Riefenstahls".

Zunächst wurden bildungshistorische Grundlagen zur Erziehung unter der Herrschaft Hitlers, zur Schule und zum Unterricht sowie zur nationalsozialistischen Formationserziehung erläutert, wodurch ein Bild über die damals herrschenden Verhältnisse entstand. Es wurde Stück für Stück ersichtlicher, mit welcher Härte und Grausamkeit die Nationalsozialisten sich die Umsetzung ihrer Erziehung vorstellten. Die uneingeschränkte Vermittlung der Nationalsozialistischen Ideologie sowie die verpflichtende Untertänigkeit dem Führer Adolf Hitler gegenüber erschrecken ebenso wie die zum Schluss der nationalsozialistischen Herrschaft erzwungene Mitgliedschaft in Diensten der Partei, wie der Hitlerjugend oder dem Bund deutscher Mädel. Auf der anderen Seite war es überraschend zu erkennen, welchen Fortschritt der Unterrichtsfilm in dieser Zeit erfahren hatte. Alle Erkenntnisse halfen dabei, die Untersuchung des didaktischen Materials vorzunehmen.

Auf Basis der Forschungsfrage *Leisten die ausgewählten Lehrerbegleithefte aus der Reihe „Staatspolitische Filme" einen intendierten Beitrag zur Formationserziehung durch den Einsatz von Filmen im schulischen Kontext?* wurden die beiden von Walther Günther herausgegebenen Lehrerbegleithefte *Wolkenstürmer und Tag der Freiheit!-Unsere Wehrmacht!* sowie *Olympia* mit Hilfe selbst erstellter Kriterien, welche die Formationserziehung der Nationalsozialisten beschreiben, untersucht.

Die Ergebnisse (s. 3.4) haben gezeigt, dass die beiden ausgewählten Lehrerbegleithefte durchaus in der Lage waren, den Unterrichtseinsatz der untersuchten Filme Leni Riefenstahls im Sinne der nationalsozialistischen Formationserziehung zu unterstützen.

Die drei Elemente, welche die Formationserziehung zusammenfassen, sind größtenteils in den Heften in Form von Aussagen über die Filme, deren Produktion oder deren Vorführung in den Schulen vorzufinden. Auf diese Weise wirkten sie auf den Lehrer in der Zeit des Nationalsozialismus, welcher diese Intention auf die Schüler übertragen sollte.

Die körperliche und geistige Formung ist am stärksten in den Heften und ihren Empfehlungen integriert, danach folgt die ideologische Schulung und an dritter Stelle die gemeinschaftsbildenden Mittel. Die hauptsächlich aufgetretenen Unterpunkte sind die Vermittlung des Führers als oberste Instanz und Befehlshaber des Staates, die Wichtigkeit der Leibeserziehung für den Erfolg des Reiches, die Ausbildung von Gefolgstreue und der damit einhergehenden Opferbereitschaft für den Führer und das Vaterland sowie die Willenserziehung mit dem Leitsatz *Prägung der Form des Erlebens und dadurch Prägung des Bewusstseins*. Da diese Punkte am häufigsten vorkamen und gleichzeitig die wichtigsten Merkmale der Formationserziehung darstellen, sind die beiden Hefte in der Lage, einen positiven Beitrag für die Rezeption von Filmen im Unterricht im Sinne der nationalsozialistischen Formationserziehung zu leisten.

Jedoch muss zum einen angemerkt werden, dass dies eine Schlussfolgerung ist, die auf der Betrachtung der Ergebnisse beider Hefte beruht. Jedes Heft hat einen anderen intentionalen Schwerpunkt, was an den Ergebnissen der Untersuchung deutlich wird. Sie ergänzen sich somit in ihrer Wirkung. So wird bei einer Untersuchung der gesamten Reihe mit Sicherheit ein weitaus größerer Kreis an Kriterien der Formationserziehung ersichtlich werden, was aus Sicht der Nationalsozialisten für die Planung und Herausgabe der Lehrerbegleitheft-Reihe Staatspolitische Filme sprechen würde.

Es muss aus heutiger Sicht jedoch auch bedacht werden, dass die Schlussfolgerung auf selbst erhobenen Fakten beruht und somit außer am Material selbst, nicht zu belegen ist. Es ist in diesem Zusammenhang wichtig zu erwähnen, dass keinerlei bekanntes Quellenmaterial existiert, welches die eigentliche Wirkung, die diese Lehrerbegleithefte ausgelöst haben, dokumentiert. Dies wäre nur mit Hilfe von erhalten gebliebenen Schulheften bzw. die Überlieferung der Aussagen von Zeitzeugen, die unter der nationalsozialistischen Herrschaft zur Schule gingen oder selbst als Lehrer bzw. Lehrerinnen tätig waren, möglich, wonach jedoch noch nicht geforscht wurde.

Den Abschluss der Studie liefert ein Zitat von Walther Günther, durch das die zur damaligen Zeit erwünschte Wirkung der Reihe nochmals durch den Herausgeber der Lehrerbegleithefte selbst zusammenfassend dargestellt wird:

„Von der Seite der politischen Erziehung hat die Reichspropagandaleitung im Auftrage des Reichspropagandaministers es in die Hand genommen, Erziehungsfilme zu zeigen, also solche Bilder vorzuführen, die im Sinne staatspolitischer Erziehung wirken. Das große Vorbild des politischen oder militärischen Führers, die eindringliche Gestaltung selbstverständlicher Pflichterfüllung (Verräter, Unternehmen Michael), die kämpferische Haltung sind in solchen Filmen so eingestellt, daß [sic] man sie nicht nur objektiv, sachlich angetan, zur Kenntnis nimmt, sondern, daß [sic] sie den Willen wecken, es dem Vorbilde nach, es ihm gleichzutun und entweder ebenso zu sein oder doch sich ähnlich zu verhalten. Die Kraft des Filmes, darzustellen, mitzureißen, zum Mitgehen aufzurufen, wird vor solchen Filmen besonders wach und man kann mit einiger Sicherheit darauf rechnen, daß [sic] nicht nur einiges Gedankliche davongetragen, sondern daß [sic], unmerklich fast, der Wille gelenkt wird." (Günther, 1939, S. 129)

5 Literaturverzeichnis

Barkhausen, Hans: Filmpropaganda für Deutschland im Ersten und Zweiten Weltkrieg. Hildesheim 1982.

Bernett, Hajo: Untersuchungen zur Zeitgeschichte des Sports. Beiträge zur Lehre und Forschung der Leibeserziehung. Band 52. Schorndorf 1973.

Bönsch, Manfred (Hrsg.): Unterricht mit audiovisuellen Medien. Donauwörth 1973.

Dithmar, Reinhard (Hrsg.): Schule und Unterricht im Dritten Reich. Neuwied 1989.

Flessau, Kurt-Ingo: Schulen der Partei(lichkeit)? Notizen zum allgemeinbildenden Schulwesen des Dritten Reiches. In: Flessau, Kurt-Ingo / Nyssen, Elke / Pätzold, Günter (Hrsg.): Erziehung im Nationalsozialismus. „…und sie werden nicht mehr frei ihr ganzes Leben!". Köln 1987, S. 65-83.

Fuchs, Rolf / Kroll, Klaus: Audiovisuelle Lehrmittel. Leipzig 1982.

Gies, Horst: Geschichtsunterricht als deutschkundliche Weihestunde. Historische Nabelschau in der nationalsozialistischen Schule. In: Dithmar, Reinhard (Hrsg.): Schule und Unterricht im Dritten Reich. Neuwied 1989, S. 39-59.

Gies, Horst: Geschichtsunterricht unter der Diktatur Hitlers. Köln 1992.

Gutjahr, Hans-Joachim: Duden. Abiturwissen Geschichte. Mannheim 2007.

Günther, Walther: Jugend der Welt: Sport und Soldaten. Berlin 1936.

Günther, Walther: Tannenberg. Berlin 1937.

Günther, Walther. Wolkenstürmer und Tag der Freiheit!-Unsere Wehrmacht! Berlin 1937.

Günther, Walther: Olympia. Berlin 1938.

Günther, Walther: Sudetendeutschland. Berlin 1938.

Günther, Walther: Unternehmen Michael. Berlin 1938.

Günther, Walther: Deutsches Land in Afrika. Berlin 1939.

Günther, Walther: Film- und Lichtbildgebrauch in der Schule. Leipzig 1939.

Günther, Walther: Sieg im Westen. Berlin 1941.

Herrmann, Ulrich: Formationserziehung – Zur Theorie und Praxis edukativ- formativer Manipulation von jungen Menschen. In: Herrmann, Ulrich / Nassen, Ulrich (Hrsg.): Zeitschrift für Pädagogik. 31. Beiheft. Formative Ästhetik im Nationalsozialismus. Intentionen, Medien und Praxisformen totalitärer ästhetischer Herrschaft und Beherrschung. Weinheim und Basel 1993, S. 101-113.

Heymen, Norbert / Pfister, Gertrud / Wolff-Brembach, Irmhild: Erziehung zur Wehrhaftigkeit im Sportunterricht. In: Dithmar, Reinhard (Hrsg.): Schule und Unterricht im Dritten Reich. Neuwied 1989, S. 163-187.

Keim, Wolfgang: Erziehung unter der Nazi-Diktatur. Band I. Antidemokratische Potentiale, Machtantritt und Machtdurchsetzung. Darmstadt 1995.

Keim, Wolfgang: Erziehung unter der Nazi-Diktatur. Band II. Kriegsvorbereitung, Krieg und Holocaust. Darmstadt 1997.

Kollmeier, Kathrin: Erziehungsziel „Volksgemeinschaft" – Kinder und Jugendliche in der Hitler-Jugend. In: Horn, Klaus-Peter / Link, Jörg-Werner (Hrsg.): Erziehungsverhältnisse im Nationalsozialismus. Totaler Anspruch und Erziehungswirklichkeit. Bad Heilbrunn 2011, S. 59-79.

Köppen, Manuel / Schütz, Erhard: Kunst der Propaganda. Der Film im Dritten Reich. Eine Einleitung. In: Köppen, Manuel / Schütz, Erhard (Hrsg.): Kunst der Propaganda. Der Film im Dritten Reich. Publikation zur Zeitschrift für Germanistik. Neue Folge. Band 15. Bern 2007.

Kühn, Michael: Unterrichtsfilm im Nationalsozialismus. Die Arbeit der Reichsstelle für den Unterrichtsfilm / Reichsanstalt für Film und Bild in Wissenschaft und Unterricht. Mammendorf 1998.

Müller, Ray: Die Macht der Bilder. 1993.

Paschen, Joachim: AV-Medien für die Bildung. Eine illustrierte Geschichte der Bildstellen und des Instituts für Film und Bild in Wissenschaft und Unterricht. München 1983.

Platner, Geert (Hrsg.): Schule im Dritten Reich. Erziehung zum Tod. Eine Dokumentation. Köln 1988.

Scholtz, Harald: Erziehung und Unterricht unterm Hakenkreuz. Göttingen 1985.

Scholtz, Harald: Schule unterm Hakenkreuz. In: Dithmar, Reinhard (Hrsg.): Schule und Unterricht im Dritten Reich. Neuwied 1989, S. 1-21.

Trimborn, Jürgen: Riefenstahl. Eine deutsche Karriere. Biographie. Berlin 2002.

Von der Osten, Ulrich: NS-Filme im Kontext sehen! »Staatspolitisch besonders wertvolle« Filme der Jahre 1934-1938. München 1998.

WWW[1]: http://www.buchfreund.de/Staatspolitische-Vorbereitungshefte-Heft-Nr-1-Jugendfassung-fuer-Schulfilm-Pflichtveranstaltungen-hrsg-von-der-NSDAP-Reichspropagandaabteilung-Amtsleitung-Film-Hauptstelle-Schulfilm,53462482-buch (letzter Zugriff am 05.01.2013).

WWW[2]: http://www.buchfreund.de/Maenner-machen-Geschichte-Der-Marsch-nach-Abessinien-herausgegeben-von-Guenther-Walter,45689257-buch (letzter Zugriff am 05.01.2013).

WWW[3]: http://www.filmportal.de/film/hans-westmar-einer-von-vielen-ein-deutsches-schicksal-aus-dem-jahre-1929_c909f5eb545a4fe4afd4b3662d40ece8 (letzter Zugriff am 05.01.2013).

WWW[4]: http://www.filmportal.de/node/53649/material/772409 (letzter Zugriff am 05.01.2013)